DISCLAIMER

The author and publisher are providing this book and its contents on an "as is" basis and make no representations or warranties of any kind with respect to this book or its contents. The author and publisher disclaim all such representations and warranties, including but not limited to warranties of merchantability. In addition, the author and publisher do not represent or warrant that the information accessible via this book is accurate, complete, or current.

Except as specifically stated in this book, neither the author nor publisher, nor any authors, contributors, or other representatives will be liable for damages arising out of or in connection with the use of this book. This is a comprehensive limitation of liability that applies to all damages of any kind, including (without limitation) compensatory; direct, indirect, or consequential damages; loss of data, income, or profit; loss of or damage to property; and claims of third parties.

Copyright © 2022 LINGUAS CLASSICS

BESTACTIVITYBOOKS.COM

All rights reserved. No part of this book may be reproduced or used in any manner without the written permission of the copyright owner except for the use of quotations in a book review.

FIRST EDITION - Published 2022

Extra Graphic Material From: www.freepik.com
Thanks to: Alekksall, Starline, Pch.vector, Rawpixel.com, Vectorpocket, Dgim-studio, Upklyak, Macrovector, Stockgiu, Pikisuperstar & Freepik.com Designers

This Book Comes With Free Bonus Puzzles
Available Here:

BestActivityBooks.com/WSBONUS20

5 TIPS TO START!

1) HOW TO SOLVE

The Puzzles are in a Classic Format:

- Words are hidden without breaks (no spaces, dashes, ...)
- Orientation: Forward & Backward, Up & Down or in Diagonal (can be in both directions)
- Words can overlap or cross each other

2) ACTIVE LEARNING

To encourage learning actively, a space is provided next to each word to write down the translation. The **DICTIONARY** allows you to verify and expand your knowledge. You can look up and write down each translation, find the words in the Puzzle then add them to your vocabulary!

3) TAG YOUR WORDS

Have you tried using a tag system? For example, you could mark the words which have been difficult to find with a cross, the ones you loved with a star, new words with a triangle, rare words with a diamond and so on...

4) ORGANIZE YOUR LEARNING

We also offer a convenient **NOTEBOOK** at the end of this edition. Whether on vacation, travelling or at home, you can easily organize your new knowledge without needing a second notebook!

5) FINISHED?

Go to the bonus section: **MONSTER CHALLENGE** to find a free game offered at the end of this edition!

Want more fun and learning activities? It's **Fast and Simple!**
An entire Game Book Collection just **one click away!**

Find your next challenge at:

BestActivityBooks.com/MyNextWordSearch

Ready, Set... Go!

Did you know there are around 7,000 different languages in the world? Words are precious.

We love languages and have been working hard to make the highest quality books for you. Our ingredients?

A selection of indispensable learning themes, three big slices of fun, then we add a spoonful of difficult words and a pinch of rare ones. We serve them up with care and a maximum of delight so you can solve the best word games and have fun learning!

Your feedback is essential. You can be an active participant in the success of this book by leaving us a review. Tell us what you liked most in this edition!

Here is a short link which will take you to your order page.

BestBooksActivity.com/Review50

Thanks for your help and enjoy the Game!

Linguas Classics Team

1 - Antiques

```
D T Y S M U J Ī D L U G E I
I Z S O L E Q A U N G A D K
M E U M F G A N U E A D A V
D Ā I Q E V F A Q P L S G A
X E K H V F H Š D A E I T L
T V L S F N S O E R R M I I
M Ē R E L M Q N S A I T M T
Ē R D H G A O U T S J S S Ā
B T F E H A A A I T A A E T
E Ī V E C S N J L S L T D E
L B D I C D E T S H G Ē Q M
E A L X D N C A S U P N T S
S A T E I L S A T O R O N A
S K U L P T Ū R A N Z M R C
```

MĀKSLA
IZSOLE
GADSIMTS
MONĒTAS
DESMITGADE
ELEGANTS
MĒBELES
GALERIJA
IEGULDĪJUMS

ROTASLIETAS
VECS
CENA
KVALITĀTE
ATJAUNOŠANA
SKULPTŪRA
STILS
NEPARASTS
VĒRTĪBA

2 - Food #1

```
S I L Ē N A K Z T J U B K Z
Ā H M V Y Z E M E N E U S Q
L B A Z I L I K S A C M A Y
S S D A F Z M I E Ž I B L X
B S U M B U C O K E O I Ā C
U Ī N L D P C O Z Z G E T I
R P T C A A O Q M O Y R I T
K O U U R Ķ S O V K E I Q R
Ā L N K Ā I T Ā N I P S B O
N S C U C P P J Z R L F N N
S T I R E L U I R P K X E S
G N S S N O H S E A K K Q C
R V V D I K U E A N F D R Y
U D A Z S I Y F Y P S P M L
```

APRIKOZE
MIEŽI
BAZILIKS
BURKĀNS
KANĒLIS
ĶIPLOKI
SULA
CITRONS
PIENS
SĪPOLS

BUMBIERIS
SALĀTI
SĀLS
ZUPA
SPINĀTI
ZEMENE
CUKURS
TUNCIS
RĀCENIS

3 - Measurements

```
U C H K Q Q N B M H K I A K
S B L X S U N C E A J E U I
L F I M F T O C O O S C G L
Ā S T I A B I R T N J A S O
M S R T E M I T N E C P T M
I I S M U Ļ I Z D R T L U E
C C N O U O D T Y M O A M T
E A O Ū J C F X L P N T S R
D D K L T Z Y C L L N U G S
P A P H L E V B F C A M M S
V E D C L A P U C N C S E M
I D Y G A R U M S M O J P A
K I L O G R A M S R A V S R
B Y N Q K M E T R S D Ā R G
```

BAITS
CENTIMETRS
DECIMĀLS
GRĀDS
DZIĻUMS
GRAMS
AUGSTUMS
COLLA
KILOGRAMS
KILOMETRS
GARUMS
LITRS
MASA
METRS
MINŪTE
UNCE
TONNA
APJOMS
SVARS
PLATUMS

4 - Farm #2

```
K A P Ū D E Ņ O Š A N A M L
C U F P K A T D R X H P U A
S I K E I N V Ī Z D F I F U
R B E U Y L E S D E L Ī P K
T K H L R P I E N S A M S S
M R V J P Ū I Ž E I M A A A
T A A I E T Z T N L A U J I
T Y I K E Q Z A U G V G Ē M
G A N S T Š N C F U A T R N
D Ā R Z S O I S A A Ļ E S I
A L M S Z C R P I N P Z E E
M U V E N D M S T Ē L K L K
G D A Z T S N F A U C J M S
Ē D I E N S N Q H V E Y K D
```

DZĪVNIEKI
MIEŽI
KLĒTS
KUKURŪZA
PĪLE
LAUKSAIMNIEKS
ĒDIENS
AUGLIS
APŪDEŅOŠANA
JĒRS

LAMA
PĻAVA
PIENS
DĀRZS
AITA
GANS
AUGT
TRAKTORS
KVIEŠI

5 - Books

```
R T T D F F H J E F S K G L
A R S I L O J E Z D T O K G
K A N D Z A U T O R S N E Q
S Ģ Ā D Z G D D X Q Ā T L K
T I M T C E U S H P T E A V
I S O T Q G J D S S S K P S
S K R A X Y T A R S Y S P J
K S P Z T M D D O O A T U Ā
S H T T J P S Y T P J S S T
A J I C K E L O K E I U E Ī
O S J E S K Y F I J R I M S
Y R Z C P G G F D I Ē M P A
V Ē S T U R I S K S S J H L
S A T U R S R Ā R E T I L R
```

AUTORS
KOLEKCIJA
KONTEKSTS
EPOSS
VĒSTURISKS
IZGUDROJUMA
LITERĀRS
DIKTORS
ROMĀNS

LAPPUSE
DZEJOLIS
DZEJA
LASĪTĀJS
SATURS
SĒRIJA
STĀSTS
TRAĢISKS
RAKSTISKS

6 - Meditation

Y	P	S	K	A	I	D	R	Ī	B	A	G	L	A
A	E	M	T	K	U	S	T	Ī	B	A	A	Ī	P
S	R	E	O	Ā	D	O	M	A	S	I	R	D	J
Z	S	S	G	Ī	R	E	I	M	T	A	Ī	Z	Y
B	P	R	C	A	L	P	Q	T	A	K	G	J	M
D	E	E	I	E	R	A	D	U	M	I	S	Ū	A
V	K	I	L	B	F	B	A	N	Q	Z	O	T	B
K	T	M	Y	P	G	A	Q	C	Y	Ū	M	Ī	Ī
L	Ī	R	V	Y	O	D	L	F	K	M	Q	B	C
U	V	J	B	B	H	Š	N	X	R	F	F	A	I
S	A	Q	J	Y	D	S	A	J	I	C	O	M	E
U	N	O	M	O	D	Ā	P	N	H	C	R	P	T
M	T	P	A	B	Ī	N	P	I	A	L	X	E	A
S	P	I	E	Ņ	E	M	Š	A	N	A	E	F	P

PIEŅEMŠANA
NOMODĀ
ELPOŠANA
MIERĪGS
SKAIDRĪBA
LĪDZJŪTĪBA
EMOCIJAS
PATEICĪBA
IERADUMI
LAIPNĪBA

GARĪGS
PRĀTS
KUSTĪBA
MŪZIKA
DABA
MIERS
PERSPEKTĪVA
KLUSUMS
DOMAS

7 - Days and Months

```
P O T R D I E N A C X S J G
S I R B M E V O N V O D H P
M G R J Ū L I J S J I I E L
A A D M P I E K T D I E N A
R D H J D H V E C A L N T N
T S S Q F I B I Q P J E R E
S M A U L J E N Y R A D E I
M Ē N E S I S N O Ī N Ē Š D
A U G U S T S N A L V Ļ D T
K A L E N D Ā R S I Ā A I S
S I R B M E T P E S R H E E
F E B R U Ā R I S M I A N S
A L A N E I D T Ē V S S A L
C E T U R T D I E N A A K Y
```

APRĪLIS
AUGUSTS
KALENDĀRS
FEBRUĀRIS
PIEKTDIENA
JANVĀRIS
JŪLIJS
MARTS
PIRMDIENA
MĒNESIS

NOVEMBRIS
SESTDIENA
SEPTEMBRIS
SVĒTDIENA
CETURTDIENA
OTRDIENA
TREŠDIENA
NEDĒĻA
GADS

8 - Energy

```
D E I V S J Ē N I Z D T C A
F Ī L S K I A V T Q U N Ū K
O B Z E A N L Z H S Y E D U
T E U E K K X T K X Z L E M
O N E R L T F K U M C E Ņ U
N Z A A Z I R T U M Z K R L
S Ī Q Z S I S O U S S T A A
E N A O H R J Y N A R R D T
M S A N Ī B R U T S O I I O
E N T R O P I J A D T S S R
D E G V I E L A M C O K U S
I L J C Q H A Z O H M S P D
V T Q J R M L C T N G P Z D
O G L E K L I S A V Ē J Š C
```

AKUMULATORS
OGLEKLIS
DĪZELIS
ELEKTRISKS
ELEKTRONS
DZINĒJS
ENTROPIJA
VIDE
DEGVIELA
BENZĪNS

SILTUMS
ŪDEŅRADIS
NOZARE
MOTORS
ATOMA
FOTONS
TVAIKS
TURBĪNA
VĒJŠ

9 - Archeology

```
I T N E M G A R F Q P S K R
A S P E K A S D O Q Ē E A E
U U J I Q B T M S F C N P L
K E R A M I K A I T N A S I
N S F Z K X E M L E Ā T S K
K O G U M S J J I M C N T V
O N S I Y T B P J P Ē E S I
M E K L D R O E A L J S R J
A Z E U Ē E R O R I S M I A
N I I A Z P P E O S Q I M L
D N N K O S U A N A L Ī Z E
A Ā T M E K K M G L L R I J
G M Ē H D E X F S Ē R A A K
R S P N O V Ē R T Ē Š A N A
```

ANALĪZE
SENATNE
KAULI
PĒCNĀCĒJS
ĒRA
NOVĒRTĒŠANA
EKSPERTS
AIZMIRSTS
FOSILIJA
FRAGMENTI

NOSLĒPUMS
OBJEKTS
KERAMIKA
RELIKVIJA
PĒTNIEKS
KOMANDA
TEMPLIS
KAPS
NEZINĀMS

10 - Food #2

```
B P F I Š B J O G U R T S Y
A L O G Ķ A U G Z Q P G H K
K U R O I N K G T N O A L B
L G J P Ņ Ā S K O Š I T R A
A S A F Ķ N V Z M N G F C J
Ž Z A B I S Y G Ā E Ī K Ā Y
Ā A B K S I L J T I K V L V
N B R O K O Ļ I S V I Z I S
S C G S Ē N E Š L I J T S I
R M O T Q V H E O K S C G E
Ī D C E Q J M I B N F R Q R
S F O I D T L V Ā X P R I S
I B E D Ā L O K O Š F X J Ķ
O S E L E R I J A N L O G K
```

ĀBOLS
ARTIŠOKS
BANĀNS
BROKOĻI
SELERIJA
SIERS
ĶIRSIS
CĀLIS
ŠOKOLĀDE
OLA

BAKLAŽĀNS
ZIVS
VĪNOGU
ŠĶIŅĶIS
KIVI
SĒNE
RĪSI
TOMĀTS
KVIEŠI
JOGURTS

11 - Chemistry

```
F S L Ā S S Z A M O T A O K
D E K T P T O T L I Q T R A
V B R Ā K A L O O O S E G T
C Ā R M B I T M P G Ā M A A
Q K C P E E N U Z E R P N L
X S N O J N K L O X M E I I
M F H S M U T L I S A R S Z
S V A R S K F S I D I A K A
Š Ķ I D R U M S N S N T S T
H L O R S N C G F X S Ū Z O
M O L E K U L A Ā G J R Y R
O G L E K L I S L Z B A K S
P O H K S I D A R Ņ E D Ū P
E L E K T R O N S A L K F X
```

SKĀBE
SĀRMAINS
ATOMU
OGLEKLIS
KATALIZATORS
HLORS
ELEKTRONS
FERMENTS
GĀZE
SILTUMS

ŪDEŅRADIS
JONS
ŠĶIDRUMS
MOLEKULA
ATOMA
ORGANISKS
SKĀBEKLIS
SĀLS
TEMPERATŪRA
SVARS

12 - Music

```
P X H Y D A L B U M S K B M
O Q J R Z U Z Y V R J O A I
Ē S K S I N O M R A H R L K
T J L X E O D E R J Y I Ā R
I Ā M Z D Q P P N I M S D O
S T B T Ā U X E C G T T E F
K Ā R S T S K A R E I M O O
S D S I X O Z C G A P E S N
J E J O T M U Z I K Ā L S S
H I A N Z M V O K Ā L S C P
Q Z E N A J I D O L E M R Y
E D Z C O S B S I Ķ I Z Ū M
K L A S I S K S K O U V B K
L I R I S K S U V S F P H Z
```

ALBUMS
BALĀDE
KORIS
KLASISKS
HARMONISKS
LIRISKS
MELODIJA
MIKROFONS
MUZIKĀLS
MŪZIĶIS
OPERA
POĒTISKS
IERAKSTS
RITMS
RITMISKS
DZIEDĀT
DZIEDĀTĀJS
VOKĀLS

13 - Family

```
B A T I E M A Ļ Ā R B T B A
S R U Y K J A U T N Ē A Ē T
U B Ā S B Z D O P D R N R X
Z L S L Ē D Ņ R Ā M N T N E
R M S S I C O V Ē T Ī E I V
T E U V D S M Q T L B X H K
E I M Ā T E J Q U M A H V A
C T M A Z B Ē R N S A E Ī M
M A G V D S V Ē T C E V R A
N Ā Y Ē X N E M Ā S A Z S Z
G P T T O R D N R O V R Q D
A Q L E U Ē H R C O E B U Ē
B S O J S B V S H I I E Q L
G B R Ā L Ē N S Q Z S E U S
```

SENCIS
TANTE
BRĀLIS
BĒRNS
BĒRNĪBA
BĒRNI
BRĀLĒNS
MEITA
MAZBĒRNS
VECTĒVS

MAZDĒLS
VĪRS
MĀTES
MĀTE
MĀRŅDĒLS
BRĀĻAMEITA
TĒVA
MĀSA
TĒVOCIS
SIEVA

14 - Farm #1

```
A X D Z J T Y R K S G R I Z
T N E M A H Q R I M I N I N
Q Š Ļ E T P H R L U O L L M
S V L D G H P X A J T S Ā Q
C I X U O V B I Z O N S R C
F P E S V Y I T A L S N S G
M M C N S G U N K S K U Ē O
L I T X S I L E Z Ē K S K X
K A Ķ I S B I T E M N U L O
P N P E S K L U P M Ā N A G
K R E Q S R Ī S I X Q I S L
I Ā O D J G Ū D E N S Z G P
M V C X O G K X Y R Z U G A
E I I Ž O G S A J Y K V R U
```

BITE
BIZONS
TEĻŠ
KAĶIS
CĀLIS
GOVS
VĀRNA
SUNS
ĒZELIS
ŽOGS

MĒSLOJUMS
LAUKS
GANĀMPULKS
KAZA
SIENS
MEDUS
ZIRGS
RĪSI
SĒKLAS
ŪDENS

15 - Camping

```
K J C N M C P Q N N C R F U
D A L I E T R A K D B J K D
A N N C Ž S O K O M P A S S
B O X O S A B Ī D E M V N N
A L K M E Y U L S Q Q Y L U
D A U Ē R T E F C U D U A G
G S K N U V B Q F N Q N K U
I R A E P I K E I N V Ī Z D
Z E I S E A Z F R T H S I X
C Z N S C V J C T V E Q S B
D E I V I R V E U E Z L C G
K Z S L K Ī T M A Ļ U G T A
P I E D Z Ī V O J U M S E S
E P H Z E U K O K I X C J L
```

PIEDZĪVOJUMS
DZĪVNIEKI
SALONA
KANOE
KOMPASS
UGUNS
MEŽS
JAUTRI
GUĻAMTĪKLS
CEPURE

MEDĪBAS
KUKAINIS
EZERS
KARTE
MĒNESS
KALNS
DABA
VIRVE
TELTS
KOKI

16 - Algebra

```
F P E K S P O N E N T S D H
H A N A Š M E Ņ T A Z N X C
R P V I E N K Ā R Š O T H L
N I K S M U J O D Ā N E I V
O L T G M D B V I L T U S R
D D M Ī U H F A K T O R S D
A I I N C A L U M R O F K I
Ļ N L I N E Ā R S Y N R I A
A Ā M A T R I C A K U A F G
D J B M N V O T Q D L K A R
V U P R O B L Ē M A L C R A
P M N U M U R S U J E I G M
A S M U J Ā N I S I R J A M
Q B E Z G A L Ī G S K A Y A
```

PAPILDINĀJUMS
DIAGRAMMA
NODAĻA
VIENĀDOJUMS
EKSPONENTS
FAKTORS
VILTUS
FORMULA
FRAKCIJA
GRAFIKS

BEZGALĪGS
LINEĀRS
MATRICA
NUMURS
PROBLĒMA
VIENKĀRŠOT
RISINĀJUMS
ATŅEMŠANA
MAINĪGS
NULLE

17 - Numbers

```
D S Č J B S D S Ī R T R D S
I L E E G J V E I Ņ O T S A
V Ā I Š T N M Š Ņ Y X M J O
I M V H P R P I I V I E N S
H I K V U A P I V J U J J T
A C I I Z I D A E C I G T I
S E P T I Ņ I S D C J Q A M
Z D Q F Q Q O F M S I U R S
C Y I V S L B N T I M S E D
D I V D E S M I T D T I Q A
D E V I Ņ P A D S M I T T P
A S T O Ņ P A D S M I T J V
S E P T I Ņ P A D S M I T I
Č E T R I Q F N C A R E F D
```

DECIMĀLS
ASTOŅI
ASTOŅPADSMIT
PIECI
ČETRI
ČETRPADSMIT
DEVIŅI
DEVIŅPADSMIT
VIENS

SEPTIŅI
SEPTIŅPADSMIT
SEŠI
SEŠPADSMIT
DESMIT
TRĪS
DIVPADSMIT
DIVDESMIT
DIVI

18 - Spices

```
R K R U S T N A G L I Ņ A K
Ū K O Ķ L N R L U S C Ķ M A
G K O E Ā K Ā E Z N M I U N
T B K I S U E R S O P P S Ē
A C Q R A H U X F M U L K L
B E H G G N S N U A K O A I
K A R I J A Ī P U D S K T S
Ķ I M E N E R S B R Z I R R
S I S A L D S X S A E C I E
H Ī G A R Š A U D K S X E V
N G P C S R D N A I R O K G
M M U O C P A P R I K A S N
G A S I L E H N E F M O T I
O V D O Z S V A N I Ļ A S E
```

ANĪSS
RŪGTA
KARDAMONS
KANĒLIS
KRUSTNAGLIŅA
KORIANDRS
ĶIMENE
KARIJA
FENHELIS
GRIEĶU

GARŠA
ĶIPLOKI
IŅGVERS
MUSKATRIEKSTS
SĪPOLS
PAPRIKA
SAFRĀNS
SĀLS
SALDS
VANIĻA

19 - Universe

```
G N P O X Z S G D A Y C F L
V B E C O O A S S T S R K A
M J I J M D U J F M T M P K
C Ē R C N I L A A O N A U I
P O N S Z A G R S S P S K T
I A V E H K R A T F U T O K
S S D L S S I Q R Ē S E S A
R S M U A S E P O R L R M L
O E C A U A Ž L N A O O I A
T B D S S Q I A O T D Ī S G
A E Y Z E O N T M Ī E D K L
V D Q M A Z A U S B A S A E
K M P S K M M M G R I E I Y
E U X Q M R S S Y O L I S A
```

ASTEROĪDS
ASTRONOMS
ATMOSFĒRA
KOSMISKAIS
TUMSA
EON
EKVATORS
GALAKTIKA
PUSLODE
PLATUMS
MĒNESS
ORBĪTA
DEBESS
SAULES
SAULGRIEŽI
REDZAMS
ZODIAKS

20 - Mammals

```
P Ē R T I Ķ I S T S I Ķ A K
K O I J O T S N R K Z I V Z
V B E B R S Z Ī U L U J A E
Ķ A Z P G E A F S I Ā I L B
E H L A Q E P L I V U C L R
N Q L I S N F E S E D I I A
G F A S S D R D M O V C R S
U V P U L A U V A E T O O I
R Z S N Z I L O N I S A G L
S I A S Y C A V V M A H A L
O R P P M F D E D R S I Y U
Q G J D K K E K L K B Q T B
J S Q M E G P Q E V C N B A
R R M E R T X Y Ž I R A F E
```

LĀCIS
BEBRS
BULLIS
KAĶIS
KOIJOTS
SUNS
DELFĪNS
ZILONIS
LAPSA
ŽIRAFE

GORILLA
ZIRGS
ĶENGURS
LAUVA
PĒRTIĶIS
TRUSIS
AITA
VALIS
VILKS
ZEBRA

21 - Fishing

```
P N P Y I X H H A I Ž J O O
Ā F A G S E P U S Z O R G K
R G H J P L K O S A K S K E
S I Ķ Ā U A Z Ā C B L Q E Ā
P T X N R M Z G R Ī I K Q N
Ī L R L A D F O J T S I N S
L S A Z S U O Z H E A D V R
Ē M Q I P L Y J P I P S V E
J S D A V P M H N C Z Y Y Z
U N V B P A T O V A T A G E
M E F A S V A R S P B M Z N
S D P J R L M C N X L S G A
J Ū N A H I A A U L F Ē J A
S E Z O N A D C F M S R B I
```

ĒSMA
GROZS
PLUDMALE
LAIVA
GATAVOT
IEKĀRTA
PĀRSPĪLĒJUMS
SPURAS
ĀĶIS
ŽOKLIS

EZERS
OKEĀNS
PACIETĪBA
UPE
SVARI
SEZONA
ŪDENS
SVARS
VADS

22 - Restaurant #1

```
K A S I E R I S L H K L D E
K B S A L V E T E C R Ē M I
C V P Ļ I Z V Ē L N E I J B
S A Ļ A D V Ā T S A S N X G
E N Ķ G A I D D B K S U Y E
E A D O Ļ B N V I R T U V E
O Š L E O R U J C P S H Q K
C Ē Ē E S R H Y Ā I Ē S A M
K V D Š R E R G L K U P M L
A R I M Ķ Ģ R N I A X D M C
F E E A E Ī I T S N B U M O
I Z N I Y P V J S T H O R V
J E S Z Z L I I A S I Z A N
A R S E E L Ī M S E I V V D
```

ALERĢIJA
BĻODA
MAIZE
KASIERIS
CĀLIS
KAFIJA
DESERTS
ĒDIENS
SASTĀVDAĻAS
VIRTUVE

NAZIS
GAĻA
IZVĒLNE
SALVETE
ŠĶĪVIS
REZERVĒŠANA
MĒRCE
PIKANTS
ĒST
VIESMĪLE

23 - Bees

```
D Z K A M Ē T S I S O K E K
G R Y Y T A O K L O Q A I P
M B A E E F O E O A Z R P I
S T R O P S B A Y U V A O Ņ
G U D G Y U C A T G A L Z Š
Ī D D H V F I J R I S I I K
V O E E I N R Ā P S K E E E
E P I K M N Q G R S S N D T
D D J B I O T O P S A E I U
Z Ā S A U G L I S Q N U Q P
I R D A Ž Ā D Ī B A G H L D
Z Z L D Ē D I E N S Y E N E
T S I N I A K U K P U Ķ E I
S M Ē Ķ Ē T Z U H S K L G Z
```

IZDEVĪGS
PUĶE
DAŽĀDĪBA
EKOSISTĒMA
ZIEDI
ĒDIENS
AUGLIS
DĀRZS
BIOTOPS
STROPS

MEDUS
KUKAINIS
AUGI
ZIEDPUTEKŠŅI
KARALIENE
SMĒĶĒT
SAULE
BARS
VASKS
SPĀRNI

24 - Weather

```
P K S A U S S G F Z H T A M
O L N M D E R T V I H T P B
L I O X V A M K L B K I I R
Ā M S N B N I U P E G I P Z
Ŗ A U C V H G N I N S M Z U
S T M Q A V L D S S E B E D
M S M U S U A S I N O K Ā M
Z I U O G X T R O P I S K S
B U E N S K Ī V A R A V J Q
N R A R Ū T A R E P M E T O
Z J Ī O Ī A T M O S F Ē R A
L Y F Z Q G Š J Ē V Ē T R A
K S U D E L S N O K R Ē P Q
V I E S U Ļ V Ē T R A H I J
```

ATMOSFĒRA
BRĪZE
MIERĪGS
KLIMATS
MĀKONIS
SAUSUMS
SAUSS
MIGLA
LEDUS
ZIBENS
MUSONS
POLĀRS
VARAVĪKSNE
DEBESS
VĒTRA
TEMPERATŪRA
PĒRKONS
VIESUĻVĒTRA
TROPISKS
VĒJŠ

25 - Adventure

```
K M V H S M U T S I A K S E
O F K U M S A B E S T I A N
M S D J A K J P B M C S G T
P Ā R S T E I D Z O Š I A U
A T I L S I S M K M I Ķ T Z
K D V D Ī R R S I A J R A I
T F A R B P U D S R D Ē V A
I M J B M K K R A Š R M O S
V S Ē X A P S O B R O D Š M
I T P J N C K Š Ī U S A A S
T P S G A L E Ī T T M H N T
Ā C E S M U S B Ū S E K A Q
T I I R D D N A R O Y M T T
E F N O A V C S G U A R D E
```

AKTIVITĀTE
SKAISTUMS
DROSME
IESPĒJA
BĪSTAMS
MĒRĶIS
GRŪTĪBAS
ENTUZIASMS
EKSKURSIJA

DRAUGS
MARŠRUTS
PRIEKS
DABA
JAUNS
SAGATAVOŠANA
DROŠĪBA
PĀRSTEIDZOŠI

26 - Circus

```
A Y S N U A L K X K S D Z I
T S G Ī D I A P S E I Z N Z
R M Z U K S U I E G V Ī K K
I Ī B B S J V Z R Z R V O L
K T D A S Ā A B G O U N N A
S S B L K T M Z J G B I F I
M O S O I Ī F H I C P E E D
Ū K T N D T J L O L M K K Ē
Z R E I P A R Ā D E O I T T
I F L O C K O R N G D N E G
K Y T C E S I R E Ģ Ī T I D
A V S X A M A Ģ I J A N N S
Q F P Ē R T I Ķ I S K Q M O
Ž O N G L I E R I S M M Z T
```

DZĪVNIEKI
BALONI
KONFEKTE
KLAUNS
KOSTĪMS
ZILONIS
IZKLAIDĒT
ŽONGLIERIS
LAUVA
MAĢIJA

BURVIS
PĒRTIĶIS
MŪZIKA
PARĀDE
IESPAIDĪGS
SKATĪTĀJS
TELTS
TĪĢERIS
TRIKS

27 - Restaurant #2

```
Ū D E N S S B B V N S Z I H
C U A B A S F A A Ū Ā U H G
D Z Ē R I E N S K D L P D A
G A R Š Ī G S A A E S A F R
M Y I O G K I N R L L K D Š
S U Q I N R L E I E E Z V V
D A K Ū K Ē G I Ņ S D C I I
D A L H L S U D A V U M E E
V Ā K Ā Q L A S S S S S S L
R C R Š T S N U O L A S M A
S V Z Z A I M P B O Ā U Ī E
Y S J C E T O R A K G E L N
Z I V S Q Ņ Z E L V T C I O
P M C U Q V I N F G F M S E
```

DZĒRIENS
KŪKA
KRĒSLS
GARŠĪGS
VAKARIŅAS
OLAS
ZIVS
DAKŠA
AUGLIS
LEDUS

PUSDIENAS
NŪDELES
SALĀTI
SĀLS
ZUPA
GARŠVIELA
KAROTE
DĀRZEŅI
VIESMĪLIS
ŪDENS

28 - Geology

```
P S T N E N I T N O K F S D
F Y L S O Y I P L S R O T O
O Y R P U V G Z U K I S A B
M Z E R O Z I J A Ā S I L U
S E C O G R K I R B T L A M
D S Ī P L A T O O E Ā I K S
X S R E Z I E G K X L J T N
I C T G A Y U S X S I A Ī Ā
Y R S L Ā R E N I M Ā S T K
Q A E I D X S E L H L L S L
I V M L N L V M O L U B S U
K K E T T Ā B K P G B P L V
P F Z B C S L A V A L G A V
C I K L S R P S J I C L A K
```

SKĀBE
KALCIJS
DOBUMS
KONTINENTS
KORAU
KRISTĀLI
CIKLS
ZEMESTRĪCE
EROZIJA
FOSILIJA
GEIZERS
LAVA
SLĀNIS
MINERĀLS
PLATO
KVARCS
SĀLS
STALAKTĪTS
AKMENS
VULKĀNS

29 - House

```
Y K Ž O G S J D L X K V D U
R S A P M A L J O P M Ā E
D V B M X P D U G P E I R Y
V N O Ē Ī Q Y M S N V E Z L
D U Š A N N T T A B A T S I
B Q F Z Y I S S D U R V I S
S U E L S U Ņ I T S U A T J
G P N V B C J I H J Y T T S
R Y O B I B L I O T Ē K A L
Ī P U G A X R E P T M A R O
D P E V U T R I V E D N I T
A C M F C L M Ē B E L E S A
G A R Ā Ž A I R A K Z I A T
C N B D F Z J S H K T S P R
```

BĒNIŅI
SLOTA
AIZKARI
DURVIS
ŽOGS
KAMĪNS
GRĪDA
MĒBELES
GARĀŽA
DĀRZS

TAUSTIŅUS
VIRTUVE
LAMPA
BIBLIOTĒKA
SPOGULIS
JUMTS
ISTABA
DUŠA
SIENA
LOGS

30 - Physics

```
U X D Z Z O E B A T V D D Ā
N Ķ Ī M I S K S L V U O M T
I M M D I A X P I Ī Q G C R
V E L E K T R O N S V L A U
E M O L E K U L A T L U E M
R M A G N Ē T I S M S F M S
S M U Ž E I B D P I S E H S
Ā J F N Z H R J A M O T A M
L V Ē T Ā U D Z R Ļ J F O O
S A D N G E H K Z O I S S T
L N A K I N Ā H E M V Ņ S A
M A S A C Z X X S G F H A O
M A C Y Z O D F O R M U L A
S U R E L A T I V I T Ā T E
```

ATOMS
HAOSS
ĶĪMISKS
BLĪVUMS
ELEKTRONS
DZINĒJS
FORMULA
BIEŽUMS
GĀZE

MAGNĒTISMS
MASA
MEHĀNIKA
MOLEKULA
ATOMA
DAĻIŅA
RELATIVITĀTE
UNIVERSĀLS
ĀTRUMS

31 - Coffee

```
U M A H B Š Y X H Q K D U Q
F I L T R S Ķ D R V A O V E
E Z F H H N N I I V U J K D
S K Ā B S E K E D Q S C T Q
R A X L T I X R I R S H K R
U F D I Ī P C Q Ē R U L U U
K L V T R Y E C K M Ē M K X
U I Z C E L S M E A S Z S S
C Y O Y H S N Q R R N Ū D D
E C H Y J Z L V U O Ī D T Z
N F R T J N E Q G M E E G E
A T G Ū R U M N S Ā F N H R
D Y R Q Q L D Q S T O S B T
Q V E A G A R Š A S K R Y Y
```

SKĀBS
AROMĀTS
DZĒRIENS
RŪGTA
MELNS
KOFEĪNS
KRĒMS
KAUSS
FILTRS

GARŠA
ŠĶIDRUMS
PIENS
RĪTS
IZCELSME
CENA
CUKURS
DZERT
ŪDENS

32 - Colors

```
S M I L Š K R Ā S A S B G F
C D Z E L T E N S D N F H R
J R S E Y X S X I V Ū J Y O
S L I Z S E B E D U R A C N
F Q V M O R A N Ž S B J I R
Q R Z O S Z G O S Ē P I J A
F O C G K O A E Z I L S L X
U Z A I Ē U N Ļ H N K K E A
C Ā M E L N S J Š L O U N S
N I R P E I N D I G O F V D
H G Ā J P M A D Ž E N T A S
S C S N A K R A S Q L H E E
Y D Q S A J K V I O L E T S
O O Z C B A L T S R H X T U
```

DEBESZILS
SMILŠKRĀSAS
MELNS
ZILS
BRŪNS
CRIMSON
CIĀNA
FUKSIJA
ZAĻŠ
PELĒKS

INDIGO
MADŽENTAS
ORANŽS
ROZĀ
VIOLETS
SARKANS
SĒPIJA
BALTS
DZELTENS

33 - Shapes

```
T A I S N S T Ū R I S D L H
P U S E V M S S U N O K Ī J
O B U F M E R A J L A I K D
D V M Q H L D D M A L A N C
S A Ā A J I N Ī L K T M E S
D L U L X P I M H Y U M I G
I O R D S S L A Y J N B S L
H B Y L Z E I R V I K X S O
I R R Q S C I L A S F P K
F E J S D E T P V P F A V A
G P L M O S I Ū V U Ē P G F
I I P R I Z M A R G R L K I
N H S T Ū R I S P I A I A M
K V A D R Ā T S M T S S B Q
```

LOKA
APLIS
KONUSS
STŪRIS
KUBS
LĪKNE
CILINDRS
MALA
ELIPSE
HIPERBOLA
LĪNIJA
OVĀLS
DAUDZSTŪRIS
PRIZMA
PIRAMĪDA
TAISNSTŪRIS
PUSE
SFĒRA
KVADRĀTS

34 - Scientific Disciplines

```
V Z O O L O Ģ I J A X B Q A
A J I Ģ O L O R I E N I M R
L B R E B S A J C C L O I H
O I A J I M O T A N A Ķ N E
D O J J V P N M K Z J Ī E O
N L I C I B B H I A I M R L
I O Ģ D C Ģ M A N K M I A O
E Ģ O B L E O T Ā I Ī J L Ģ
C I L U G V U L T N Ķ A O I
Ī J O V S S Q D O Ā X Z Ģ J
B A I X S Q M T B H S L I A
A K C G A J L K M E I A J G
Ģ E O L O Ģ I J A M R S A Z
S O S E K O L O Ģ I J A P U
```

ANATOMIJA
ARHEOLOĢIJA
BIOĶĪMIJA
BIOLOĢIJA
BOTĀNIKA
ĶĪMIJA
EKOLOĢIJA
ĢEOLOĢIJA

VALODNIECĪBA
MEHĀNIKA
MINERALOĢIJA
NEIROLOĢIJA
PSIHOLOĢIJA
SOCIOLOĢIJA
ZOOLOĢIJA

35 - Science

```
I T A J I L I S O F N Q L D
B Z D U M I N E R Ā L S A A
V N J T G D A B A I M B B Ļ
S T N E M I R E P S K E O I
T A P R P M T S F M O Z R Ņ
K K T K V Q A A K U R Ē A A
A L H O B F S L D G G T T S
F I F B M B C U X A A O O K
J M I H K S H K G M N P R S
P A Z K Z V R E K S I I I I
I T I G N Y H L Y I S H J M
D S K G J E D O T E M F A Ī
A E A T M T A M Y V S J U Ķ
I E V O L Ū C I J A I C S C
```

ATOMS
ĶĪMISKS
KLIMATS
DATI
EVOLŪCIJA
EKSPERIMENTS
FAKTS
FOSILIJA
SMAGUMS
HIPOTĒZE

LABORATORIJA
METODE
MINERĀLS
MOLEKULAS
DABA
ORGANISMS
DAĻIŅAS
FIZIKA
AUGI

36 - Beauty

```
Š V P L I E L E G A N C E L
K A K O S M Ē T I K A D Ā Ū
R I M U J O P L A K A P A P
Ā E G P Ž Ē L A S T Ī B A U
S F J J Ū E L E G A N T S S
A S K S I N E G O T O F A P
B Š A R M S S B X U S O T O
G C U I F Q F P S P V Z R G
S M A R Ž A Š Ķ Ē R E S I U
B E D Š O T J V H T C C C L
S Ļ E E U T S Z Z V D Q K I
D Ļ K Y S T S I L I T S U S
J A C M C S Z L A Z E K Q S
Q S T Ā M O R A F Q N I Y T
```

ŠARMS
KRĀSA
KOSMĒTIKA
CIRTAS
ELEGANCE
ELEGANTS
AROMĀTS
ŽĒLASTĪBA
LŪPU
TUŠA
SPOGULIS
EĻĻAS
FOTOGENISKS
SMARŽA
ŠĶĒRES
PAKALPOJUMI
ŠAMPŪNS
ĀDA
STILISTS

37 - To Fill

```
A B S R S P A I N I S P F Č
T N U Q N T C Z E T S A K E
V P O R C M X Q P B I P U M
I K D T K X O Y A J Ģ L B O
L J B J R A F J M R U Ā L D
K F G M M A L Y H R K T S Ā
T P U E N S K O L P A E K N
N F A Y B K A B A T A E A S
E V L R A Z M G Z P Q L T H
H Z U R S Z O R G A M U C A
H R Ā Y E U S X P K H R N I
S A L V I G I E L E D U P R
E E C V N J A D R T F A I K
M F H M S G G Y R E A C A S
```

SOMA
MUCA
BASEINS
GROZS
PUDELE
KASTE
SPAINIS
KARTONA
ATVILKTNE
APLOKSNE

MAPE
BURKA
PAKETE
KABATA
ČEMODĀNS
PAPLĀTE
KUBLS
CAURULE
VĀZE
KUĢIS

38 - Clothes

```
V J I H C E A K A J X U K X
N Y P Q G E Z Ū L B Z V U C
K R E K L S P P Z E S Z R S
Š A L L E V C U I U I I P A
B I K S E S I N R P K T E N
V O I R X U M M U E R T A D
Z I M X U X D Q N K Ā R M A
R Y O O Q L I L K V V G A L
J G D M Ē T E L I S S B Ž E
K O E F X D Ž I N S I B D S
Y U S T U A Š K E I R P I I
H Y Y T A P R O C E R Z P D
D C N S A T E I L S A T O R
D Ž E M P E R I S P Y S F U
```

PRIEKŠAUTS
JOSTA
BLŪZE
APROCE
MĒTELIS
KLEITA
MODE
CIMDI
CEPURE
JAKA

DŽINSI
ROTASLIETAS
PIDŽAMA
BIKSES
SANDALES
ŠALLE
KREKLS
KURPE
SVĀRKI
DŽEMPERIS

39 - Ethics

```
C O C Z U O L S M I C I O I
R I B Q E D I A L E I P P N
G D L V R Y Z D U N G C T T
Y U I V I P T A Ņ E I C I E
Y N D G Ē Y N R E N N F M G
S G U R B C R B I H N X I R
A A H L Ī I E Ī C K T T S I
B C P M G B D B X Z F N M T
Ī F G R D C A A B H Y L S Ā
T D F T Ā G O D Ī G U M S T
R S K S I T Ā M O L P I D E
Ē E I E A B Ī T E I C A P G
V Q S U X S J G I X T E A G
R E Ā L I S M S S T A P N J
```

SADARBĪBA
CIEŅA
DIPLOMĀTISKS
GODĪGUMS
CILVĒCE
INTEGRITĀTE
OPTIMISMS

PACIETĪBA
REĀLISMS
SAPRĀTĪGS
CIEŅU
PIELAIDE
VĒRTĪBAS
GUDRĪBA

40 - Insects

```
T O T M K R C J K S D O Q N
Q A D H M A U D Z K S K X A
B S U V T A Z O K U I Ū J X
C U K R A P N S G D Z N I M
K L D R I B R T N R Ā I C R
F B H N R Ņ O F I A N Ņ S L
C I C A D A Š L Z S E A P A
T Ā R P S E C F E T I B Ā P
K N Q C U C Q R E Ī S S R S
M Ā R Ī T E D O K M R A E E
B F B X S K A S U R P U N N
A P H I D F S I N E S I S E
S N T N C B F E G T V M Y L
A P E T S O S D J A M Y A R
```

SKUDRA
APHID
BITE
VABOLE
TAURIŅŠ
CICADA
PRUSAKS
SPĀRE
BLUSA
SIENĀZIS

MĀRĪTE
KŪNIŅA
SISENIS
MANTIS
ODS
KODE
TERMĪTS
LAPSENE
TĀRPS

41 - Astronomy

```
H Q S T O A S M F A Q P S C
F Q S H B S T E Q P C I N E
B R O J S T A T E T E Ķ A R
Z E M E E R R E A U E E V S
Z K S S R O O O K M K G O A
P R O Y V N J R B S I A N T
S Y K B A O U S Q U N K R E
N Q K A T M M L C M O I E L
X I B S O S S M J S K T P Ī
S D Ī O R E T S A S S K U T
X R V D I N G D U E Z A S S
I H O L J B A Q D N M L B X
S D F S A I C A T Ē N A L P
D E B E S S L I K M T G V O
```

ASTEROĪDS
ASTRONOMS
KOSMOSS
ZEME
APTUMSUMS
EKINOKS
GALAKTIKA
METEORS
MĒNESS
OBSERVATORIJA
PLANĒTA
STAROJUMS
RAĶETE
SATELĪTS
DEBESS
SUPERNOVA

42 - Health and Wellness #2

```
A Z S I N I S A Ž Ā S A M B
M J G Z C X N H I G I Ē N A
G C Ī Z S E E F R S V A R S
K A L O R I J A E T V Y E S
A J E D U S N A V K D F L S
P I S J T A E P S H C E D N
E Ģ E L Z J L X Z U A I N Ī
T R V H U D G E U S V P J M
Ī E H Y X D Q K R D C Q E A
T N X Z E A I T F Ģ B A R T
E E E I I Q X Ē D E I P V I
Ģ E N Ē T I K A T D N J U V
S L I M Ī B A E X A I L A L
A N A T O M I J A H L O V Z
```

ALERĢIJA
ANATOMIJA
APETĪTE
ASINIS
KALORIJA
DIĒTA
SLIMĪBA
ENERĢIJA
ĢENĒTIKA
VESELĪGS
HIGIĒNA
INFEKCIJA
MASĀŽA
UZTURS
UZSVER
VITAMĪNS
SVARS

43 - Time

```
N U D A G A T R N G N T B O
T Ā A E D R S Z E A A P S V
N K K T S T Ī R D D T V F F
D N Y O U M Q U Ē S T K R L
I T B P T N I L Ļ S E B H D
E Z K N C N F T A D N U T S
N S T K A N E N G J A G R I
A M I N Ū T E G G A H K Š S
D R Ī Z K B T A O A D X O E
E I G A D S I M T S D E D N
L P K A L E N D Ā R S A I Ē
P U S D I E N L A I K S E M
P U L K S T E N I S Z P N Q
C A Z J R A K R Q H D E D T
```

GADA
PIRMS
KALENDĀRS
GADSIMTS
PULKSTENIS
DIENA
DESMITGADE
AGRI
NĀKOTNE
STUNDA

MINŪTE
MĒNESIS
RĪTS
NAKTS
PUSDIENLAIKS
TAGAD
DRĪZ
ŠODIEN
NEDĒĻA
GADS

44 - Buildings

```
H S A J I R O T A R O B A L
N T N S X F N E K L Ē T S P
N A O P L A I Ā K N Q I J I
V D L A S A K T T O G Y E L
Ē I A F V G K R Y O G P Z S
S O S V I H I I O E R M U E
T N R A C Ī N S E I V N M Z
N S P Ū M Q T P T V Y R I L
I G Q E P Z J N E A L O K S
E P A C Ī N M I L S B E D N
C X Z N R N Ī J T B V H I Q
Ī E J F F T E C S H L R D L
B T A N R X Q I A J B U B J
A J I R O T A V R E S B O T
```

KLĒTS
SALONA
PILS
KINO
VĒSTNIECĪBA
RŪPNĪCA
SLIMNĪCA
VIESNĪCA
LABORATORIJA

MUZEJS
OBSERVATORIJA
SKOLA
STADIONS
LIELVEIKALS
TELTS
TEĀTRIS
TORNIS

45 - Philanthropy

```
C H X R T E C Ē V L I C U L
O E N Z H R J X L A D U A N
G O D Ī G U M S A J L P H F
Z R P V H T H A B I F S P B
X A M B K S X M D S I G T Z
C F F T P Ē G M A I N R O S
I N R Ē B V I A R M A U D K
L D E V Ī B A R Ī Y N P E O
V M Ē R Ķ U S G B A S A I P
Ē H H Y G V A O A Y E S Z I
K D T H O O N R O B S J A E
I Z Y I U C T P V G A K U N
I Z A I C I N Ā J U M I H A
K O N T A K T S A C O U R R
```

IZAICINĀJUMI
LABDARĪBA
BĒRNI
KOPIENA
KONTAKTS
ZIEDOT
FINANSES
NAUDA
DEVĪBA

MĒRĶUS
GRUPAS
VĒSTURE
GODĪGUMS
CILVĒCE
MISIJA
CILVĒKI
PROGRAMMAS
VALSTS

46 - Gardening

```
B E K S A Q S M A A A Z J S
O K O I E S T I I D Y Y D Ē
T S N Ķ N Z S F A T U B Q K
Ā O T Š E R O S Q B R C J L
N T E U T Ā P N L N G U I A
I I I P Ū D M E A R S V M S
S S N N Ļ X O D G S U Q V S
K K E K Š N K Ū U Ē D A M S
A S R L P U Ķ E S Z I E D U
I P S M N E T Ī R U M I D V
S J A U G S N E Z A Ļ U M I
N O B L X Q J K L I M A T S
C O O T C D I M U M D J Y D
P R U D K Q S L O T M N F Q
```

PUĶE
BOTĀNISKAIS
PUŠĶIS
KLIMATS
KOMPOSTS
KONTEINERS
NETĪRUMI
ĒDAMS
EKSOTISKS
ZIEDU

ZAĻUMI
ŠĻŪTENE
LAPA
MITRUMS
DĀRZS
SEZONAS
SĒKLAS
AUGSNE
SUGA
ŪDENS

47 - Herbalism

```
Ķ Z S K F Q P D D L C P V I
Z I A H U Z S N Ā R F A S A
A A P Ļ K L Z Q R X J D R O
E I C L Š G I F Z L B N Y D
V X S K O G B N S G U A G M
U S Z Z C K Y F Ā D P V A A
T N Q U T Q I U I R Q A R R
L Ī F E N H E L I S I L Š J
A R O M Ā T I S K I E J A O
K A P Ē T E R S Ī Ļ I T A R
T M I G O R E G A N O G Q A
T Z S A S T Ā V D A Ļ A F M
F O I Z D E V Ī G S V Q L S
L R B A Z I L I K S D E I Z
```

AROMĀTISKIE
BAZILIKS
IZDEVĪGS
KULINĀRIJA
FENHELIS
GARŠA
ZIEDS
DĀRZS
ĶIPLOKI
ZAĻŠ

SASTĀVDAĻA
LAVANDA
MARJORAMS
KALTUVE
OREGANO
PĒTERSĪĻI
AUGS
ROZMARĪNS
SAFRĀNS

48 - Vehicles

```
H S N E I C L I V L B R E C
E N E D Ū M E Z E K J S M Y
L A D U P C E J L A M H V A
I S G Y H I F A O R O U S U
K P L O S T S N S A T T R T
O T G N R F O Ī I V O T T O
P Y T Z J T D Š P Ā R L E M
T B B L Z P E A Ē N S E M A
E P R Ā M I S M D A U Z O Š
R R A Ķ E T E D S B V Z S Ī
S F M A T X E I Q I Q I K N
X R U A H Q S L T H Z Q A A
M O T O R O L L E R S G T L
F D Z I N Ē J S R I E P A S
```

LIDMAŠĪNA
VELOSIPĒDS
LAIVA
AUTOMAŠĪNA
KARAVĀNA
DZINĒJS
PRĀMIS
HELIKOPTERS
MOTORS

PLOSTS
RAĶETE
MOTOROLLERS
SHUTTLE
ZEMŪDENE
METRO
TAKSOMETRS
RIEPAS
VILCIENS

49 - Flowers

```
T Q P L I L I J A Z P S M P
U E Q A D N A V A L E A A U
L I X Y S I A D S R O U G Š
P A J E D I H R O D N L N Ķ
E E J U V E F D D V I E O I
Ā B O L I Ņ Š L O J J S L S
Z I E D L A P A O P A P I B
R O Z E N O G A M R N U J S
S N Ī M S A J F E J A Ķ A P
D X E R N I J E N E N E I P
D N K D G V C A P P P Y G H
J A J I N Ē D R A G Y Y N F
H I B I S C U S A I G E N J
P L U M E R I A M N R Z C Z
```

PUŠĶIS
ĀBOLIŅŠ
NARCISE
DAISY
PIENENE
GARDĒNIJA
HIBISCUS
JASMĪNS
LAVANDA
LILIJA

MAGNOLIJA
ORHIDEJA
PASIFLORA
PEONIJA
ZIEDLAPA
PLUMERIA
MAGONE
ROZE
SAULESPUĶE
TULPE

50 - Health and Wellness #1

```
O Z S J A C R H Ā D A J B M
P O S Y T T X M O Q J M A V
K V U H I E P P O R S E D H
M L R S M U Z Ū L J M L S S
U D Ī K A U L I T U U O A A
S T V N C J Z R O A D I N J
K E D U I N E R V S A N A I
U R E U X K R N H K R Y Š R
Ļ A L C L T A G A Z E G Ē Ē
I P P D Z Ā D G K S I J T T
U I O Y O R R E F L E X S K
C J T V P S V Ī T K A S R A
C A S M U T S G U A J U Ā B
A R H G Y S A P T I E K A O
```

AKTĪVS
BAKTĒRIJAS
KAULI
KLĪNIKA
ĀRSTS
LŪZUMS
IERADUMS
AUGSTUMS
HORMONI
BADS
MUSKUĻI
NERVS
APTIEKA
REFLEX
ATPŪTA
ĀDA
TERAPIJA
ELPOT
ĀRSTĒŠANA
VĪRUSS

51 - Town

```
T U L G R Ā M A T N Ī C A B
E L S I K A F E J N Ī C A I
Ā V T F E S S P S B F G S B
T B A L Z L Q U U A N R K L
R R D O M A V Q G N I C O I
I V I R O K I E R K G L L O
S A O I G I O I A L C A T
S C N S A E F X T K D O J Ē
M Ī S T L V J Q A X A C L K
B N G S E M U Z E J S L J A
S Z A C R L I D O S T A S C
K I N O I K L Ī N I K A O A
S A Q X J V I E S N Ī C A Y
K M Z S A K E I T P A X C P
```

LIDOSTA
MAIZNĪCA
BANKA
GRĀMATNĪCA
KAFEJNĪCA
KINO
KLĪNIKA
FLORISTS
GALERIJA
VIESNĪCA

BIBLIOTĒKA
TIRGUS
MUZEJS
APTIEKA
SKOLA
STADIONS
VEIKALS
LIELVEIKALS
TEĀTRIS

52 - Antarctica

```
A Q T S S A L A P S E J M Ģ
L K F T H Q Ū M Ē L K X I E
A T M N L D D Ā T E S P G O
S U D E L E E K N D P U R G
S C B N Ņ Y N O I Ā E T Ā R
U V B I L A S Ņ E J D N C Ā
P P E T U Y I I K I Ī I I F
E X R N F I Q N S S C Q J I
O U V O V I D E S B I R A J
J F V K C O V E I B J C G A
Z I N Ā T N I S K S A D Ī D
S A G L A B Ā Š A N A U E L
T E M P E R A T Ū R A T K A
T O P O G R Ā F I J A X Q Y
```

LĪCIS
PUTNI
MĀKOŅI
SAGLABĀŠANA
KONTINENTS
COVE
VIDE
EKSPEDĪCIJA
ĢEOGRĀFIJA
LEDĀJI

LEDUS
SALA
MIGRĀCIJA
PUSSALA
PĒTNIEKS
AKMEŅAINS
ZINĀTNISKS
TEMPERATŪRA
TOPOGRĀFIJA
ŪDENS

53 - Ballet

```
H O R E O G R Ā F I J A M M
I O G R A C I O Z S R Q Ē Ā
N R M U S K U Ļ I B T O Ģ K
T Ķ K O M P O N I S T S I S
E E M S A R P Ž I V J C N L
N S S J Ā T O J E D Y C Ā I
S T S V Ī S E R P S K E J N
I R B A L E R Ī N A T B U I
T I P R K B P T Z E G S M E
Ā S R I E I S U A L P A S K
T L A T L F Z N N B J Z V S
E I K M E J M Ū R R N Q V G
T T S S Z G B K M H O N V G
T S E A U D I T O R I J A X
```

APLAUSI
MĀKSLINIEKS
AUDITORIJA
BALERĪNA
HOREOGRĀFIJA
KOMPONISTS
DEJOTĀJS
EKSPRESĪVS
ŽESTS
GRACIOZS

INTENSITĀTE
MUSKUĻI
MŪZIKA
ORĶESTRIS
PRAKSE
MĒĢINĀJUMS
RITMS
PRASME
STILS

54 - Fashion

```
Z L P R A K S T S D E M Q M
U Q I T E N D E N C E E Z Ē
A F E U Q I T U O B F Ž M R
G D T A N X B Y T R Ģ O Ī
F O I A P Ģ Ē R B S F Ī S J
I R C M R I F J K K S N T U
S I Ī I O Ū O B O G Š E N M
T Ģ G L J D T R M T R S A I
I I S T H R E K U D Ā R G S
L N M H M Q Q R A V K Y E A
S Ā U F E K V D N F N K L G
F L D R F Z I K Q S E L E O
J S U A N A Š Ū Š Z I D H P
Y O A D N K O X N M V E X Y
```

BOUTIQUE
POGAS
APĢĒRBS
ELEGANTS
IZŠŪŠANA
DĀRGS
AUDUMS
MEŽĢĪNES
MĒRĪJUMI

MODERNS
PIETICĪGS
ORIĢINĀLS
RAKSTS
VIENKĀRŠS
STILS
FAKTŪRA
TENDENCE

55 - Human Body

```
C X F C B L V P S R D V S R
O G Z G T D I U S N U G E D
F Y P O I F E D E Y S P J H
U K N E M E H G C Q M L A K
C E A U V Y L Y C L A E J D
S S U A N L T C H P D C Ā S
P I R K S T S S D O Z S K Q
X N Z O D I E D L T E T U M
N I S R R N N I S Ī N Ž C I
M S E O I I H O L T E O E S
T A O N S L K A K E S K L Ā
G A L V A U J N H L P L I D
G T E Z J A I F G S E I S A
S B M U Q K C O S H L S P F
```

POTĪTE
ASINIS
KAULI
SMADZENES
ZODS
AUSS
ELKONIS
SEJA
PIRKSTS
ROKA
GALVA
SIRDS
ŽOKLIS
CELIS
KĀJA
MUTE
KAKLS
DEGUNS
PLECS
ĀDA

56 - Musical Instruments

```
T A M B U R Ī N S A V A R S T
T L R T Z Q R N Z N N N Z Y
H U J E K L Z Q M Ī Y H U G
S A K S O F O N S L L E Č T
E T E N R A L K F O T E K R
G U K V I R C E A D R E L O
O A B M I R A M G N O S A M
N L B A N D Ž O O A M T V B
G F X G T B A K T M P I I O
Ģ I T Ā R A F J S O E L E N
C I L I N D R S O Z T B R S
V I J O L E A Z C B E I E D
P E R K U S I J A S O Ņ S Q
S E N J X E T M L C H I U J
```

BANDŽO
FAGOTS
ČELLS
KLARNETE
CILINDRS
STILBIŅI
FLAUTA
GONG
ĢITĀRA
ARFA
MANDOLĪNA
MARIMBA
OBOJA
PERKUSIJAS
KLAVIERES
SAKSOFONS
TAMBURĪNS
TROMBONS
TROMPETE
VIJOLE

57 - Fruit

```
K N X Ā B O L S D A S E Y
P S Ķ I R S I S P M V Q Z U
C E S T S K E I R S O K O K
I V R F D Q J K N X K L K P
T A G S V Ī N O G U A C I A
R J S N I V Z V G Y D K R P
O A I Ī A K A E M N O A P A
N V R R V T S N Ā N A B A I
S G E A E D S O F K O M R J
Y M I T N K A L D I H G G A
Z P B K E L N E C V P Q A P
Z Ī M E B P A M Z I X N A P
Z L U N H O N U V B S J P V
N A B N O O A B C R D A T F
```

ĀBOLS
APRIKOZE
AVOKADO
BANĀNS
OGA
ĶIRSIS
KOKOSRIEKSTS
ZĪM
VĪNOGU
GVAJAVES

KIVI
CITRONS
MANGO
MELONE
NEKTARĪNS
PAPAIJA
PERSIKS
BUMBIERIS
ANANASS
AVENE

58 - Engineering

```
A S S M D M X Q L Q M X D O
Z S I L E Z Ī D S S A M Z Z
D J F B D N I I S R Š L I R
E I S O U O R Ļ M T Ī P N V
N L A V F T F A U E N I Ē Z
E E B G I S S K R M A E J O
R Ņ Ī B R R Y X D A S D S B
Ģ Ķ C I X A A C I I F Z X R
I I E R G S M S Ķ D S I M A
J S I F C N M M Š E M Ņ A T
A S N I Ķ Ē R P A T Q A M I
S J V S T A B I L I T Ā T E
C L Ū M O T O R S X H V O P
A E B I Z P L A T Ī Š A N A
```

LEŅĶIS
ASS
APRĒĶINS
BŪVNIECĪBA
DZIĻUMS
DIAGRAMMA
DIAMETRS
DĪZELIS
IZPLATĪŠANA

ENERĢIJA
DZINĒJS
ZOBRATI
SVIRAS
ŠĶIDRUMS
MAŠĪNA
MOTORS
PIEDZIŅA
STABILITĀTE

59 - Kitchen

```
S G S L I R G S Ū K L I S K
A G A A R Ē D I E N S F N A
L C G R L Z B Ž U N X T S R
V F L L Š D X A N P A I Ā O
E T Z E O V Ē N S V B R R T
T S Ē A D U I T V H T B K E
E K O I R U T E A E S U N S
T A D O Ļ B S Y L V S L Z U
P U K R Ū Z E S T A A Ī A F
E S J B U R K A K H S Š N Z
C S D A K Š A O E A E I L D
E T Ē J K A N N A H P R E X
R V Q F S T U A Š K E I R P
O E H S I V B A D P J S S Y
```

PRIEKŠAUTS
BĻODA
IRBULĪŠI
ĒDIENS
DAKŠA
SALDĒTAVA
GRILS
BURKA
KRŪZE
TĒJKANNA

NAŽI
KAUSS
SALVETE
KRĀSNS
RECEPTE
LEDUSSKAPIS
GARŠVIELAS
SŪKLIS
KAROTES
ĒST

60 - Government

```
N P K K A S K S I D I R U J
E I O Z C B G F P E H A X Z
A E N B G K Ī J D M O B Q Q
T M S T S L A V K O B Ī A Q
K I T L R S K V Ī K T Z B D
A N I I U G E S I R E D Ī L
R E T K N Ī V C H Ā B Ī N O
Ī K Ū U A R A K I T I L O P
B L C M Q E A T F I X N S B
A I I S F I T J P J H E L G
T S J F V M U X O A V I I J
R N A R D M A V Q N P V P O
C I V I L S T B U H S D Y I
D F A P T A I S N Ī G U M S
```

PILSONĪBA
CIVILS
KONSTITŪCIJA
DEMOKRĀTIJA
RAJONS
VIENLĪDZĪBA
NEATKARĪBA
TAISNĪGUMS
LIKUMS

LĪDERIS
JURIDISKS
BRĪVĪBA
PIEMINEKLIS
TAUTA
MIERĪGS
POLITIKA
RUNA
VALSTS

61 - Art Supplies

```
R K B A A J I M U G Š Ē Z D
I R L K L R D J A S N E D Ū
L Ā U J U A E L G O U I N Q
Q S N N B D J A X E V K Z Y
K A I I A O A U I U Z A A Q
A S Ļ Q T Š S L S Ē R K E Z
Q K E O S U R M L L C T X M
Z K R R P M Ī O Ā Q Q P D E
Ī N A I J S P L M E Ļ Ļ A L
M T V M L H A B L O I L O Ī
U I K Q E A P E X Q Q F P M
Ļ N A Z H R O R Q J X M Q E
I T J B H E A T Y M J I V C
D E S I L E T S A P D G S K
```

AKRILA
SUKA
KAMERA
KRĒSLS
OGLE
MĀLS
KRĀSAS
RADOŠUMS
MOLBERTS
DZĒŠGUMIJA

LĪME
IDEJAS
TINTE
EĻĻA
PAPĪRS
PASTELIS
ZĪMUĻI
TABULA
ŪDENS
AKVAREĻI

62 - Science Fiction

```
S F U T Ū R I S T I S K S F
T P O S A T A M Ā R G J A A
Ā Y R Y Q N D Ē A T O M U N
M J Q Ā V M O R U U N A A T
O N I K D O A T B G J T N A
D O I S C Z J S T N U Ē T S
E O B M N F I K A L I N C T
I T O B O R Z E S E B A S I
U T K V C D Ū R N F S L H S
A K I T K A L A G S C P T K
A G L A A J I P O T S I D S
N O S L Ē P U M A I N S C V
T E H N O L O Ģ I J A C U D
O R A C L E U T O P I J A H
```

ATOMU
GRĀMATAS
KINO
DISTOPIJA
SPRĀDZIENS
EKSTRĒMS
FANTASTISKS
UGUNS
FUTŪRISTISKS

GALAKTIKA
ILŪZIJA
IEDOMĀTS
NOSLĒPUMAINS
ORACLE
PLANĒTA
ROBOTI
TEHNOLOĢIJA
UTOPIJA

63 - Geometry

```
P J T S V D V G G B Y T O S
R X E M I S R T E M A I D E
O S O U R I L Ē L A R A P G
P N R T S M T C X S H U U M
O U I S M E B P R A Y I C E
R M J G A T T G R M Y O U N
C U A U D R L E Ņ Ķ I S V T
I R C A J I S N E M I D J S
J S S M U J O D Ā N E I V A
A L X R C A K I Ģ O L J H P
N H B O F Z C C H E N K Ī L
M E D I Ā N A C E N R T G I
J R H O R I Z O N T Ā L S S
A P R Ē Ķ I N S K T X Q J M
```

LEŅĶIS
APRĒĶINS
APLIS
LĪKNE
DIAMETRS
DIMENSIJA
VIENĀDOJUMS
AUGSTUMS
HORIZONTĀLS
LOĢIKA

MASA
MEDIĀNA
NUMURS
PARALĒLI
PROPORCIJA
SEGMENTS
VIRSMA
SIMETRIJA
TEORIJA

64 - Creativity

```
V Ī Z I J A S I I I L I I
M D D T Y A M E Z E N V Z P
C Ā P E Y B U S T D T D G L
O U K M U Ī K P E V E R U Ū
S R T S T R S A I E N A D S
A A D A L D I I K S S M R T
J T R R H I T D S M I A O A
E Ū T P V A N S M A T T J M
D J F Ē E K E I E Z Ā I U Ī
I A O L L S T D E R T S M B
E S F M Ē S U V D K E K A A
V J D P T E A Z O H S S I K
V E Y V Z E M O C I J A S Q
G G B N I N Ā T N O P S O P
```

MĀKSLINIEKS
AUTENTISKUMS
SKAIDRĪBA
DRAMATISKS
EMOCIJAS
IZTEIKSME
PLŪSTAMĪBA
IDEJAS
ATTĒLS

IZTĒLE
IESPAIDS
IEDVESMA
INTENSITĀTE
IZGUDROJUMA
SAJŪTA
PRASME
SPONTĀNI
VĪZIJAS

65 - Airplanes

```
P I L O T S R M F S C X L V
D E G V I E L A Z M M Q I Ē
P I E D Z Ī V O J U M S S S
I S A R Ē F S O M T A N I T
Ū R A E Y D C Y F S R E R U
D K E P B M E N M G P I E R
E B A L O N S B B U K Z I E
Ņ O K A L D I G E A E R Ž X
R V L K B E I H M S S I A G
A S G P F A P Z L A S V S I
D X P A K B V O A V M T A J
I D Z I N Ē J S R I U O P K
S E Q E S P Z D Y P N L I M
N O S Ē Š A N Ā S M N S O O
```

PIEDZĪVOJUMS
GAISS
ATMOSFĒRA
BALONS
APKALPE
DIZAINS
VIRZIENS
DZINĒJS
DEGVIELA

AUGSTUMS
VĒSTURE
ŪDEŅRADIS
NOSĒŠANĀS
PASAŽIERIS
PILOTS
PROPELLERI
DEBESS

66 - Ocean

```
D E L F Ī N S C A O Y P V A
Q K A N M V M E D Ū Z A Ē U
E R S I L K Ū S A E I R T S
A A I B N V P E S R X Ū R T
R B C S M A D L T I G J A E
M I U A R O K Ā O F L E T R
G S P Y H T B Z Ņ S I A M E
C A U Q D L Z S K L Z I V S
M C R R B B U A Ā F Z Ņ C A
D O U N D Y T R J H O Ļ Z M
A K Ņ B E K I Ū I Z Y I R S
T O U K H L S J S B J V F R
B L R Q X L E T U N C I S R
U O B H A I Z I V S S Ā L S
```

KORAU
KRABIS
DELFĪNS
ZUTIS
ZIVS
MEDŪZA
ASTOŅKĀJIS
AUSTERE
RIFS
SĀLS

JŪRASZĀLES
HAIZIVS
GARNELE
SŪKLIS
VĒTRA
JŪRA
TUNCIS
BRUŅURUPUCIS
VIĻŅI
VALIS

67 - Force and Gravity

```
S R T N E C S Ī A K I Z I F
K P L N D F S P T U M P G M
I T I A J R L A T S A A X E
A C J E H B Ā Š Ā T G P D H
L B B M D I S U L Ī N L I Ā
T E D K S I R M U B Ē A N N
V S S E V X E S M A T Š A I
Ā K Q T A K V N S K I I M K
O T N E R A I L S P S N I A
Q R R I S S N H L M M Ā S C
N G B U D S U J U J S J K B
X U X Ī M V T T P N Z U S A
C R Q S T S E P M Q J M Z R
B E R Z E A K X I P Z S O B
```

ASS
CENTRS
ATTĀLUMS
DINAMISKS
PAPLAŠINĀJUMS
BERZE
IETEKME
MAGNĒTISMS
MEHĀNIKA
IMPULSS
KUSTĪBA
ORBĪTA
FIZIKA
SPIEDIENS
ĪPAŠUMS
ĀTRUMS
LAIKS
UNIVERSĀLS
SVARS

68 - Birds

```
P D L K S N Ā K I L E P I F
G G Z G U L B I S Q T I A L
C M H E J O V S S H R N E A
R S F X G D U G O G Z G C M
D E S N P U K C Z J V V L I
T O U C A N Z D F H I Ī X N
S T R A U S S E S P R N K G
P A P A G A I L I S B S I O
K A N Ā R I J U Ķ I U I L H
Z J B R G C L C R N L L C T
P Ā V S Ā B F R Ā R I G P A
C Ā L I S V X S T Ā S R B F
P Ī L E O L A T S G Y Ē D B
V B O M O B A L O D I S N R
```

KANĀRIJU
CĀLIS
VĀRNA
DZEGUZE
BALODIS
PĪLE
ĒRGLIS
OLA
FLAMINGO
ZOSS

GĀRNIS
STRAUSS
PAPAGAILIS
PĀVS
PELIKĀNS
PINGVĪNS
ZVIRBULIS
STĀRĶIS
GULBIS
TOUCAN

69 - Art

```
V T S S M S I L Ā E R R I S
Z E A V K K E R A M I K A S
D R S I S A Q J L E H J I A
L N T Z M B I S I M B O L S
X U Ā U B B A T A S M V P L
S B V Ā X L T O L K K I R Ā
I A S L I I T O M I X E I N
G Z R S A O Ē T T E S N E I
Ī Z V E P R L C E T Z K K Ģ
D D U E Ž Z O Y L Z N Ā Š I
O Z C G I Ģ T F Z I P R M R
G E F J K D Ī S O J L Š E O
L J Y R D E O T N V X S T T
E A V H Z G K T S N N R S U
```

KERAMIKAS
SAREŽĢĪTS
SASTĀVS
IZVEIDOT
IZTEIKSME
SKAITLIS
GODĪGI
ORIĢINĀLS

DZEJA
ATTĒLOT
VIENKĀRŠS
PRIEKŠMETS
SIRREĀLISMS
SIMBOLS
VIZUĀLS

70 - Nutrition

```
R V V V U Z T U R V I E L U
Ū I E E T Ā T I L A V K B S
G T S S N Ī E T O R P Z O V
T A E E G D Q A L G A P G A
A M L L J U F I H O Z O Ļ R
I Ī Ī Ī V I U A G F O Y H S
Y N B G N C J Q K A T Ē I D
K S A S N Ī S K O T B B D Ē
A J I C Ā T N E M R E F R D
Š P F K H R B C C V O T Ā A
R P B I I M U D A R E I T M
A P E T Ī T E U M L Ē T S S
G R E M O Š A N A A J M L Z
X F M T K A L O R I J A S U
```

APETĪTE
RŪGTA
KALORIJAS
OGĻHIDRĀTS
DIĒTA
GREMOŠANA
ĒDAMS
FERMENTĀCIJA
GARŠA
IERADUMI

VESELĪBA
VESELĪGS
UZTURVIELU
PROTEĪNS
KVALITĀTE
MĒRCE
TOKSĪNS
VITAMĪNS
SVARS

71 - Hiking

```
K A L N S S Q S G A M S K M
O N L J O A O T I D O J A D
B D V S K M G A Ņ R Q I N B
J K N A H M O M E L U P A K
N N H U Q I X I M A D G Š L
Z C J L C T C L K X L S O I
B E V E N Ā Y K A I K A V N
K E M P I N G S O D Q V A T
K A R T E S T F R A Z V T S
Ū P A R K I J T J B Ā A A E
J D Q A G P F L O A B Ļ G B
I K E I N V Ī Z D X A A A H
Z R H N R V F K H I K S S C
F J M Z S G S U V D I X D Y
```

DZĪVNIEKI
ZĀBAKI
KEMPINGS
KLINTS
KLIMATS
SMAGS
KARTE
ODI
KALNS

DABA
PARKI
SAGATAVOŠANA
AKMEŅI
SAMMITĀ
SAULE
NOGURIS
ŪDENS
SAVVAĻAS

72 - Professions #1

```
A O P O I L P X T T F B T T
L S S S J Ā T O J E D U R P
M S T S I N A I P S A Y E Z
R E U R G H K B L T X A N J
E M D H O E O M Ā S A D E Ū
D V M N L N P L M R Y V R R
A Ē Ū L I E O L O Ā F O I N
K S Z P X E V M N G T K S I
T T I H G P K Z S C S Ā Q E
O N Ķ Q E Y B S Q U P T M K
R I I P I E L Ā G O T S R S
S E S J Ē S Ē Z D S N U G U
T K B A Ņ Ķ I E R I S Q I R
R S G O L O E Ģ L N U C O N
```

VĒSTNIEKS
ASTRONOMS
ADVOKĀTS
BAŅĶIERIS
TRENERIS
DEJOTĀJS
ĀRSTS
REDAKTORS
UGUNSDZĒSĒJS

ĢEOLOGS
MEDNIEKS
MŪZIĶIS
MĀSA
PIANISTS
PSIHOLOGS
JŪRNIEKS
PIELĀGOT

73 - Barbecues

```
D Z Z S D A B C B S R I K A
U R D D P D Ā R Z E Ņ I S U
G D A R Z Ē B B Ē G S V Z G
R V K A F N L B F D P O X L
I A Š U G D L E A S I Z T I
L S A G N A Ž I S Ā N E O S
S A U S B T Z M Q L R S N T
V R T O M Ā T I Ģ S Ē E B S
K A S A L Ā T I X I B T B L
V A K A R I Ņ A S C M N P A
N M Ē R C E P E V Ā Y E E Y
M Ū Z I K A R K B L N F N F
N Q Y X S O V M M I Z V P E
K A R S T S M E O S H H U G
```

CĀLIS   KARSTS
BĒRNI   BADS
VAKARIŅAS   NAŽI
ĢIMENE   MŪZIKA
ĒDIENS   SALĀTI
DAKŠA   SĀLS
DRAUGS   MĒRCE
AUGLIS   VASARA
SPĒLES   TOMĀTI
GRILS   DĀRZEŅI

74 - Chocolate

```
K O K O S R I E K S T S G S
S C K V A L I T Ā T E E A A
T M Ī Ļ Ā K I E T L S N R S
N K A L O R I J A S X Ē Š T
A R O M Ā T S K A K A O Ī Ā
D V Z I Q Z J U I Š C A G V
I E K S O T I S K S R A S D
S T O R S E L E M A R A K A
K K X U A T O I X T A D G Ļ
O E X K L P O H S G J M O A
I F K U D E B E T Ū L S L J
T N D C S C T R J R V N S F
N O Z E M E S R I E K S T I
A K O L M R A M A T I E R U
```

ANTIOKSIDANTS
AROMĀTS
AMATIERU
RŪGTA
KAKAO
KALORIJAS
KONFEKTE
KARAMELE
KOKOSRIEKSTS
GARŠĪGS

EKSOTISKS
MĪĻĀKIE
SASTĀVDAĻA
ZEMESRIEKSTI
KVALITĀTE
RECEPTE
CUKURS
SALDS
GARŠA
ĒST

75 - Vegetables

```
S A L Ā T I J R M P S A V B
M R J M U Ņ T Ā T Ē Ī K R A
I Ļ O K O R B C O T P J X K
H Z Q P F I S E M E O J J L
N P F R N Z F N Ā R L A J A
B U R K Ā N S I T S S L S Ž
S Š M G N N R S S Ī Q I E Ā
R P A K N U C E G Ļ M K L N
E Ķ I L D N I N D I K O E S
V I C N O N G Ē F Ī A L R I
G R R R Ā T P S C X S P I Ķ
N B Y Z S T E U I U E I J R
I I V N F K I S M O Q Ķ A U
J S D R M A R T I Š O K S G
```

ARTIŠOKS
BROKOĻI
BURKĀNS
SELERIJA
GURĶIS
BAKLAŽĀNS
ĶIPLOKI
IŅGVERS
SĒNE
SĪPOLS

PĒTERSĪĻI
ZIRŅI
ĶIRBIS
REDĪSI
SALĀTI
ŠALOTES
SPINĀTI
TOMĀTS
RĀCENIS

76 - The Media

```
A I N D I V Ī D S Y A T G V
L A I K R A K S T S B I U I
I Z D E V U M S O X Ī E L E
T E L E V Ī Z I J A T Š H T
K O M E R C I Ā L S Ī S A Ē
Ž V Q K M R S D D O L A I J
N U A C I S L Ā T I G I D S
S F R L U T K Q O D Z S D A
M S F N S N Ī E J A I T C I
A V X N Ā T T T I R O Ē Y U
X Q D R J L S Z I T K A F L
N O Z A R E I M Q G T A B J
V I E D O K L I S S Y A X Z
I N T E L E K T U Ā L S E J
```

ATTIEKSME
KOMERCIĀLS
DIGITĀLS
IZDEVUMS
IZGLĪTĪBA
FAKTI
INDIVĪDS
NOZARE
INTELEKTUĀLS

VIETĒJS
ŽURNĀLI
TĪKLS
LAIKRAKSTS
TIEŠSAISTĒ
VIEDOKLIS
VALSTS
RADIO
TELEVĪZIJA

77 - Boats

```
A T H A J P R Ā M I S U Z T
P B O O D Ū T T O K K Y M V
K M N I H S R U K N E P O P
A T Q G S I D N K A Y D S X
L X Z O D N K B I A J O B C
P F R K J Ū R A S E N V R D
E G N E T J B R K D K O N J
G A G Ā B J I Ū O I E S E A
P B X N K V K J D O K Q D H
J L Y S A Ņ I A M D Ū L P T
P D O U P E V R I V G C E U
I J G S J Ē N I Z D X T A X
C N M K T M A S T S R E Z E
X D I Q V S K A J A K Y N X
```

ENKURS
BOJA
KANOE
APKALPE
DOKS
DZINĒJS
PRĀMIS
KAJAKS
EZERS
MASTS
JŪRAS
OKEĀNS
PLOSTS
UPE
VIRVE
JAHTU
JŪRNIEKS
JŪRA
PLŪDMAIŅAS
JAHTA

78 - Activities and Leisure

```
I R P D F Z C M V D Y X F K
E E E Ā U V J B O K S S E
P L L O S R T E F B H L T M
I A D L M Z Z B J F O O E P
R K Ē F D E O K O A V B N I
K S Š S D O R F O L E S I N
Š Ē A N Z E L G M P S I S G
A J N X D A C F E M Ī E S S
N O A N A Š R I N V M B I C
Ā Š P Ā R G Ā J I E N I A S
S A B A S K E T B O L S Q E
S Ē R F O Š A N A L S K Ā M
C K M Q P G C E Ļ O T S T S
V O L E J B O L S T N L V Y
```

MĀKSLA
BEISBOLS
BASKETBOLS
BOKSS
KEMPINGS
NIRŠANA
ZVEJA
DĀRZKOPĪBA
GOLFS
PĀRGĀJIENI

GLEZNA
RELAKSĒJOŠA
IEPIRKŠANĀS
FUTBOLS
SĒRFOŠANA
PELDĒŠANA
TENISS
CEĻOT
VOLEJBOLS

79 - Driving

```
D M I K L H U M M M J X D Y
B R A H N V T O G A G O R Z
R A O E S V G T H Ž H T U O
I U A Š N R Ā O G Ā J Ē J S
E T V Q Ī X Z C C R E S M Š
S O Ā B U B E I M A D I O O
M M R E T R A K Ā G Q L T F
A A I M L B J L C T Q E O E
S Š J S I R I S E K R N R R
T Ī A K C E H Ļ I J U S I
F N K I E M I V Š F V T M S
D A P T N Z L I E L A G A S
Y Y B A C E O Q J D A X E I
S X J S E S P T Q A G I J D
```

AVĀRIJA
BREMZES
AUTOMAŠĪNA
BRIESMAS
ŠOFERIS
DEGVIELA
GARĀŽA
GĀZE
LICENCE
KARTE

MOTORS
MOTOCIKLS
GĀJĒJS
POLICIJA
CEĻŠ
DROŠĪBA
ĀTRUMS
IELA
SATIKSME
TUNELIS

80 - Professions #2

```
Z M I F A S T R O N A U T S
K S G M O I S J M L D Ķ D B
N K S J Ā T O L O K S I E C
L E E C T C O D A X C R T Z
F I B S D I H G R O M U E Y
I N N L G P S Q R A N R K Ā
L M S G O L O I B Ā F G T R
O I X H V Y H F V D F S Ī S
Z A Y I G I L G H M L S V T
O S L S B Q S T O L I P S S
F K S R Ā K E T O I L B I B
S U O X D V D R S Z U X E U
D A Z O B Ā R S T S K V U A
I L D Ā R Z N I E K S D U L
```

ASTRONAUTS
BIOLOGS
ZOBĀRSTS
DETEKTĪVS
LAUKSAIMNIEKS
DĀRZNIEKS
BIBLIOTEKĀRS
LINGVISTS
FILOZOFS
FOTOGRĀFS
ĀRSTS
PILOTS
ĶIRURGS
SKOLOTĀJS

81 - Mythology

```
M D A R H E T I P S R R M Y
A I I M U J Ē C I T A A O U
C F R E S I S E B E D D N Z
K S L S V M I B I G Ī Ī S V
A U J C T Ī U A Z M Š B T E
T Z L N O Ī B A D P A A R D
R H L T S K G A H L N D S Ī
I R V K Ū H J S S I A N D B
E S T N I R I B A L N E R A
B S I N O R A V N J I Ģ K Z
Ī B Q A B Ī T S R I M E N M
B K A T A S T R O F A L I Y
A P Ē R K O N S Z I B E N S
G R E I Z S I R D Ī B A H B
```

ARHETIPS
UZVEDĪBA
TICĒJUMI
RADĪŠANA
RADĪBA
KULTŪRA
DIEVĪBAS
KATASTROFA
DEBESIS
VARONIS
NEMIRSTĪBA
GREIZSIRDĪBA
LABIRINTS
LEĢENDA
ZIBENS
MONSTRS
MIRSTĪGS
ATRIEBĪBA
PĒRKONS

82 - Garden

```
Q Ž G Q O N C P A T T V H G
M D O L U A M Q S A E M Q U
V U H G Y Z A O A T R F T Ļ
K O K S S Z I E D S A Q Y A
Š Ļ Ū T E N E M Q P S O G M
G R Ā B E K L I S Ā E Z D T
L I E V E N I S I L G Ā Ā Ī
Z F N L F P U T Ķ Q A L R K
Ā E S A G J A U Ī G R E Z L
L L G M R R M T D S Ā Z S S
I Z U F Ū D K A F O Ž O C J
E X A N K R Q B G L A N U V
N J R V J Q K T E S D U C T
S N E Z Ā L E X P M P O O V
```

SOLS
KRŪMS
ŽOGS
ZIEDS
GARĀŽA
DĀRZS
ZĀLE
GUĻAMTĪKLS
ŠĻŪTENE
ZĀLIENS

DĪĶIS
LIEVENIS
GRĀBEKLIS
LĀPSTA
AUGSNE
TERASE
BATUTS
KOKS
NEZĀLE

83 - Diplomacy

```
T N H R I S I N Ā J U M S Ē
I E H U M A N I T Ā R S L T
V T T A I S N Ī G U M S Ī I
A Ā K O N F L I K T S P G K
B T A B Ī B R A D A S X U A
Ī I G G A N E I P O K Y M M
D R O Š Ī B A J J Q E I S H
L G D I P L O M Ā T I S K S
A E H G K Y F G C J N O M K
V T P A B Ī C E I N T S Ē V
Q N Q S T N A T L U S N O K
F I P O L I T I K A Ē F B O
R E Z O L Ū C I J A V H C E
B X P P I L S O Ņ I E M E F
```

KONSULTANTS
VĒSTNIEKS
PILSOŅIEM
KOPIENA
KONFLIKTS
SADARBĪBA
DIPLOMĀTISKS
VĒSTNIECĪBA
ĒTIKA

VALDĪBA
HUMANITĀRS
INTEGRITĀTE
TAISNĪGUMS
POLITIKA
REZOLŪCIJA
DROŠĪBA
RISINĀJUMS
LĪGUMS

84 - Countries #1

```
C N L Z G C O C S C R P Z L
J G I Ī G K Y M Ē V U O M A
P Z D K B H N A Ģ X M L Y T
J L Z E A I C K I I Ā I K V
Z Z Y B E R J V P R N J N I
K A N Ā D A A A T Ā I A V J
P J O M O J I G E K J L Ā A
A I N A M I T Q V A A Ē C J
N Ģ C R T N Ā H R A Y A I I
A Ē X O U Ā L M S I R R J M
M V I K O P I S D A L Z A O
A R Z A M S J V B N Z I N S
A O L Q T Q A L Ā G E N E S
K N B R A Z Ī L I J A Y C K
```

BRAZĪLIJA
KANĀDA
ĒĢIPTE
SOMIJA
VĀCIJA
IRĀKA
IZRAĒLA
ITĀLIJA
LATVIJA
LĪBIJA
MAROKA
NIKARAGVA
NORVĒĢIJA
PANAMA
POLIJA
RUMĀNIJA
SENEGĀLA
SPĀNIJA

85 - Adjectives #1

```
P V I H Z N O P I E T N S L
M I Q P S Š M U T I Y O G A
Ā G E G Z N O D E R Ī G S I
K Ī Y V O V Ē R T Ī G S I M
S D Y K I K S I T N E D I Ī
L O P Y C L S N R E D O M G
I G P B I I C V U S F B N S
N O L L B Y R Ī A H K T Q T
I M Ā Ē M D Y F G R Y G O S
E C N N A D X D C S Ī A V I
K O S S G A M S Ā T Y G V A
S K S I T O S K E S I F S K
A B S O L Ū T S I Q N Z G S
A R O M Ā T I S K I E S E G
```

ABSOLŪTS
AMBICIOZS
AROMĀTISKIE
MĀKSLINIEKS
PIEVILCĪGS
SKAISTS
TUMŠS
EKSOTISKS
DĀSNS
LAIMĪGS
SMAGS
NODERĪGS
GODĪGI
IDENTISKI
SVARĪGS
MODERNS
NOPIETNS
LĒNS
PLĀNS
VĒRTĪGS

86 - Landscapes

```
V T T G O X J O M Z P O G K
X U H E E S R E Z E L M E L
G C L U P I Q Y T Z K J Z I
C B E K U S Z O F Ā I P X N
C O A P Ā E A E O O Z L G T
K A L N S N I A R D N U T S
Y J A L A S S U P S V D Q G
K E L D A K V A F L A M N R
P L A L Z U R M V E A A D E
N E S Q I T U L C D O L H B
M I A N D R P E B Ā J E Z S
I Z K O K E Ā N S J Z Ū I I
A A Z C L V N C G S M M R A
Ū D E N S K R I T U M S R A
```

PLUDMALE
ALA
KLINTS
TUKSNESIS
GEIZERS
LEDĀJS
AISBERGS
SALA
EZERS
KALNS

OĀZE
OKEĀNS
PUSSALA
UPE
JŪRA
PURVS
TUNDRA
IELEJA
VULKĀNS
ŪDENSKRITUMS

87 - Visual Arts

```
R A D O Š U M S N M Y M F G
U Z M I U S L O S Ā P E C B
S K U L P T Ū R A K P I Z S
F B Q L Q E F F K S A S Ī K
P O S T Ī R K A E L R T M Z
I V T T O A L M R I Ū A U M
L A E O Z F Q Ā A N T R L O
D S R B G A B L M I K D I L
S K T O T R D S I E E A S B
P S R T G T Ā B K K T R E E
A T O A M L I F A S I B I R
L N P O V R E K I S H S T T
V S A S T Ā V S S J R A N S
A O G L E Z N A S U A B G D
```

ARHITEKTŪRA
MĀKSLINIEKS
KERAMIKA
KRĪTS
OGLE
MĀLS
SASTĀVS
RADOŠUMS
MOLBERTS
FILMA

MEISTARDARBS
GLEZNA
PILDSPALVA
ZĪMULIS
FOTOGRĀFIJA
PORTRETS
SKULPTŪRA
TRAFARETS
VASKS

88 - Plants

```
O M T K E K G O S A K N E P
X G E K E R M B D D K U Z U
U K A N X Ū I U E Ā J D M P
I A K R J M Y V I R F M B A
L K I P O S Z M Z Z K P V K
N T N N V L G P I S T Ā K Z
B U Ā A K I F N P A K I Y I
A S T V F I M U Ļ A Z O R E
M S O D L Z E Z Ā L E H K D
B Y B J J G Ž R R F B A C L
U F O J R A S A N Ū S U F A
S C M Ē S L O J U M S R D P
S V E Ģ E T Ā C I J A V A A
M C M S U I Q F C B C E R L
```

BAMBUSS
PUPA
OGA
BOTĀNIKA
KRŪMS
KAKTUSS
MĒSLOJUMS
FLORA
ZIEDS
ZAĻUMI
MEŽS
DĀRZS
ZĀLE
IVY
SŪNAS
ZIEDLAPA
SAKNE
KĀTS
KOKS
VEĢETĀCIJA

89 - Countries #2

```
L F U F O G L J D A J S V Y
A O N T A K I A A Ā G Q I G
O A J I N Ā B L A P N U I A
S Q I L Z J Ē C Y X Ā I O D
A T P A C Q R C E C O N J N
N H Q L A J I R Ē G I N A A
S U D Ā N A J I L Ā M O S G
K P C P D G A J I R Ī S P U
G R I E Ķ I J A N Ā B I L O
I R A N K R I E V I J A A N
E T I O P I J A K I A M A J
Y I I M E K S I K A J H J Y
O G I A N Ā T S I K A P C E
E D A J H K U K R A I N A B
```

ALBĀNIJA
DĀNIJA
ETIOPIJA
GRIEĶIJA
HAITI
JAMAIKA
JAPĀNA
LAOSA
LIBĀNA
LIBĒRIJA

MEKSIKA
NEPĀLA
NIGĒRIJA
PAKISTĀNA
KRIEVIJA
SOMĀLIJA
SUDĀNA
SĪRIJA
UGANDA
UKRAINA

90 - Adjectives #2

```
S S K S I T N E T U A I S P
A L G I A S G Ī B A D N Ā R
V A J C Z K T O K L V T Ļ O
V V K L R H A I V K Z E Š D
A E T A V V J R P P N R A U
Ļ N F S N P E L S R H E P K
A S N Z V R X F E T S S R T
S N K I N S A A O E S A A Ī
S I S A U S S D Y T J N K V
J A U N S R U Z O R A T S S
S G Ī L E S E V Q Š A S T E
N E E L E G A N T S S G O S
Q I A P D Ā V I N Ā T S Š X
N M A T B I L D Ī G S K S X
```

AUTENTISKS
RADOŠS
APRAKSTOŠS
SAUSS
ELEGANTS
SLAVENS
APDĀVINĀTS
VESELĪGS
KARSTS
IZSALCIS
INTERESANTS
DABĪGS
JAUNS
PRODUKTĪVS
LEPNS
ATBILDĪGS
SĀĻŠ
MIEGAINS
STIPRS
SAVVAĻAS

91 - Psychology

```
P R O B L Ē M A O U I R Z N
S T K I L F N O K U E E E O
A A T E M D L G G Z C A M V
J M P T P O Ā E O V E L A Ē
E K C Ņ A M Ņ D P E L I P R
D U G D I A A A E D Š T Z T
I A E G M S M H R Ī A Ā I Ē
E M O C I J A S S B N T Ņ J
S A J Ū T A S Z O A A E A U
H Z S G O B Z H N S U O U M
U Z T V E R E P Ī G R H O S
I Z Z I Ņ A B A B Ī N R Ē B
M A N O A J I P A R E T K C
K L Ī N I S K S A R X G L A
```

IECELŠANA
NOVĒRTĒJUMS
UZVEDĪBA
BĒRNĪBA
KLĪNISKS
IZZIŅA
KONFLIKTS
SAPŅI
EGO
EMOCIJAS

IDEJAS
UZTVERE
PERSONĪBA
PROBLĒMA
REALITĀTE
SAJŪTA
ZEMAPZIŅA
TERAPIJA
DOMAS
BEZSAMAŅĀ

92 - Math

```
S K A I T Ļ I B A Q E F P P
Ŗ Ā D I U S S Q R M O R A Z
S I R Ū T S N S I A T A R S
R Ķ A P D Ģ I M T P K K A D
T Ņ Y O V E E U M X I C L A
E E S I S O L J Ē P L I E U
M L T H L M D O T A Ē J L D
I R Ā U Ā E R D I M L A O Z
R S R Ē M T R Ā K P A A G S
E S D B I R S N A C R P R T
P F A S C I D E B G A J A Ū
F M V R E J G I K D P O M R
K E K Z D A I V V S P M S I
S I M E T R I J A Y B S I S
```

LEŅĶI
ARITMĒTIKA
APKĀRTMĒRS
DECIMĀLS
VIENĀDOJUMS
FRAKCIJA
ĢEOMETRIJA
SKAITĻI
PARALĒLI

PARALELOGRAMS
PERIMETRS
DAUDZSTŪRIS
RĀDIUSS
TAISNSTŪRIS
KVADRĀTS
SIMETRIJA
APJOMS

93 - Activities

```
P R B J V T R A N A Š Ū Š Z
F N Y D L S I M T B H M I K
O K E R A M I K A P S A N A
T H B L I R P H V C Ū L S M
O M Ā K S L A R A Y C T C A
G L E T Ā T I V I T K A A T
R A M E D Ī B A S E K M D N
Ā S M S F L V J G P K M E I
F Ī A E U N X E N R Q S J E
I J Ģ R F I R V I A I E O C
J U I E I T K Z P S Y L Š Ī
A M J T P Z K M M R Ē A B
X S A N A U I G E E U P N A
N G M I F K U A K G P S A E
```

AKTIVITĀTE
MĀKSLA
KEMPINGS
KERAMIKA
AMATNIECĪBA
DEJOŠANA
ZVEJA
SPĒLES
MEDĪBAS

INTERESE
ATPŪTA
MAĢIJA
FOTOGRĀFIJA
PRIEKS
LASĪJUMS
ŠŪŠANA
PRASME

94 - Business

```
I U L L E P F K N T G I I Z
Z E Z S J O R I B T K Z E K
A C N Ņ O P U E C D Z M G D
T H G Ā Ē I Z A C V C A U A
Ū Q K U K M Z F M E R K L R
L Z X M Y U U T S L S S D B
A D U A N G M M I Y C A Ī I
V E I K A L S I S R A S J N
D A R B A D E V Ē J S T U I
G F C V A D Ī T Ā J S E M E
K A R J E R A D A X K Ž S K
I Z P Ā R D O Š A N A D K S
E K O N O M I K A G J U B L
R Ū P N Ī C A H U V P B H X
```

BUDŽETS
KARJERA
UZŅĒMUMS
IZMAKSAS
VALŪTA
EKONOMIKA
DARBINIEKS
DARBA DEVĒJS
RŪPNĪCA

IENĀKUMI
IEGULDĪJUMS
VADĪTĀJS
PRECES
NAUDA
BIROJS
IZPĀRDOŠANA
VEIKALS

95 - Literature

```
M E T A F O R A Ņ A K S T A
S A L Ī D Z I N Ā J U M S Z
S T I L S I L K O D E I V D
L M P O Ē T I S K S L E J I
A N A L Ī Z E M A P D F U K
R O M Ā N S T U R I T M S T
D R L P D T O J B T O T N O
L Z L X H I D Ā L E H C D R
A C E U N V K N T Ē M A I S
D U V J T O E I E C K A A S
C X T B O N N C Z X N G L T
O G Q O Q L A E X M H T O H
U R T M R X I S I D L S G X
H Y V A N S P S M X P U S A
```

ANALĪZE
ANEKDOTE
AUTORS
SALĪDZINĀJUMS
SECINĀJUMS
DIALOGS
METAFORA
DIKTORS
ROMĀNS
VIEDOKLIS
DZEJOLIS
POĒTISKS
ATSKAŅA
RITMS
STILS
TĒMA

96 - Geography

```
E P U E A I V Q D R F T O K
T Z S N Ā I D I R E M E K C
R P A S A U L E H Ģ S R E V
A S H Y A T Ē S L I P I Ā K
K A L N S N E C V O N T N G
A P U N P F V S R N A O S K
G U U Y Y I E N B S G R V S
A K G S V Y D N O K R I A M
B F S S L Y J I Q J J J L U
Y O P H T O O F V J O A S T
S A L A E U D S T N A L T A
C R F I Ļ E M E I Z E A S L
P Ū B J D C Q S E R A I S P
A J R I E T U M I V M U D M
```

AUGSTUMS
ATLANTS
PILSĒTA
VALSTS
PUSLODE
SALA
PLATUMS
KARTE
MERIDIĀNS
KALNS

ZIEMEĻI
OKEĀNS
REĢIONS
UPE
JŪRA
DIENVIDI
TERITORIJA
RIETUMI
PASAULE

97 - Jazz

```
C F Y O S I R T S E Ķ R O C
P I P H T C O P C T N Q B X
C K U S S X A I E U C F C S
Q S I R I T M S V Ā T S A S
T A L A N T S U N S G X U A
M G J V O Z E A L E T S U H
Ū N A S P V I L C V V I Q Y
Z U U Z M E Z P V F Y A L Z
I B N U O O D A L Z Y U L S
K P S V K K O N C E R T S S
A A L B U M S M Ī Ļ Ā K I E
I M P R O V I Z Ā C I J A U
Z P I I T E H N I K A T N X
M Ā K S L I N I E K S Y Y O
```

ALBUMS
APLAUSI
MĀKSLINIEKS
KOMPONISTS
SASTĀVS
KONCERTS
BUNGAS
UZSVARS
SLAVENS
MĪĻĀKIE

IMPROVIZĀCIJA
MŪZIKA
JAUNS
VECS
ORĶESTRIS
RITMS
DZIESMA
STILS
TALANTS
TEHNIKA

98 - Nature

```
T L T X Q F B S Ā R M A V
L R V R N M B K B I U L J P
E G O E F D Q S C J G Y Q T
D K Y P S U J I L R M L X Y
Ā L A U I S E T I B E Q A T
J I B L F S X Ū M U Ž S O U
S C K D N V K B T I S K S K
I L V O V I V S R N H S A S
D Z Ī V N I E K I J I I K N
E R O Z I J A Z A Ļ U M I E
S V Ē T N Ī C A T L G A T S
S K A I S T U M S H D N K I
U B J T M Ā K O Ņ I U I R S
M I E R Ī G S C F J F D A P
```

DZĪVNIEKI
ARKTIKAS
SKAISTUMS
BITES
MĀKOŅI
TUKSNESIS
DINAMISKS
EROZIJA
MIGLA
ZAĻUMI

MEŽS
LEDĀJS
KALNI
MIERĪGS
UPE
SVĒTNĪCA
RĀMS
TROPISKS
BŪTISKS

99 - Vacation #2

```
I S A C Ī N S E I V Y Ā A V
A U X B X S G D I J D R T I
H Ā R Z E M N I E K S Z E L
J Ū R A S K I Ā G B X E L C
X V R V A A P L R Z C M T I
D Ī T Y L R M N L O A J S E
M Z M F A T E J I A T U Y N
T A N X P E K F D K P S I S
P L U D M A L E O H Ū Y E P
C E Ļ O J U M S S U T G T R
M Ē R Ķ I S I K T P A X S M
N J T G S I N L A K A Y N Q
B R Ī V D I E N A T C S L M
V T A K S O M E T R S X E I
```

LIDOSTA
PLUDMALE
KEMPINGS
MĒRĶIS
ĀRZEMJU
ĀRZEMNIEKS
BRĪVDIENA
VIESNĪCA
SALA
CEĻOJUMS

ATPŪTA
KARTE
KALNI
PASE
RESTORĀNS
JŪRA
TAKSOMETRS
TELTS
VILCIENS
VĪZA

100 - Electricity

```
T E L E K T R I S K S A S E
Ģ E L Ā Z E R S A E M A P L
E O L C S V Ī T A G E N U E
N A L E I E K Ā R T A A L K
E K I S V Ī T I Z O P Š D T
R U G M T Ī V A D I V Ā Z R
A M Z U E T Z J G M O B E I
T U D Z L Ī S I L E B A K Ķ
O L A D E K T R J O A L U I
R A H U F L Ē S R A Q G I S
S T P A O S N M H P X Z O R
X O D D N F G S X M J U D L
L R G M S L A H T A I I C A
Y S L G H P M L P L L X S B
```

AKUMULATORS
SPULDZE
KABELIS
ELEKTRISKS
ELEKTRIĶIS
IEKĀRTA
ĢENERATORS
LAMPA
LĀZERS
MAGNĒTS

NEGATĪVS
TĪKLS
POZITĪVS
DAUDZUMS
LIGZDA
UZGLABĀŠANA
TELEFONS
TELEVĪZIJA
VADI

1 - Antiques
2 - Food #1
3 - Measurements
4 - Farm #2
5 - Books
6 - Meditation
7 - Days and Months
8 - Energy
9 - Archeology
10 - Food #2
11 - Chemistry
12 - Music

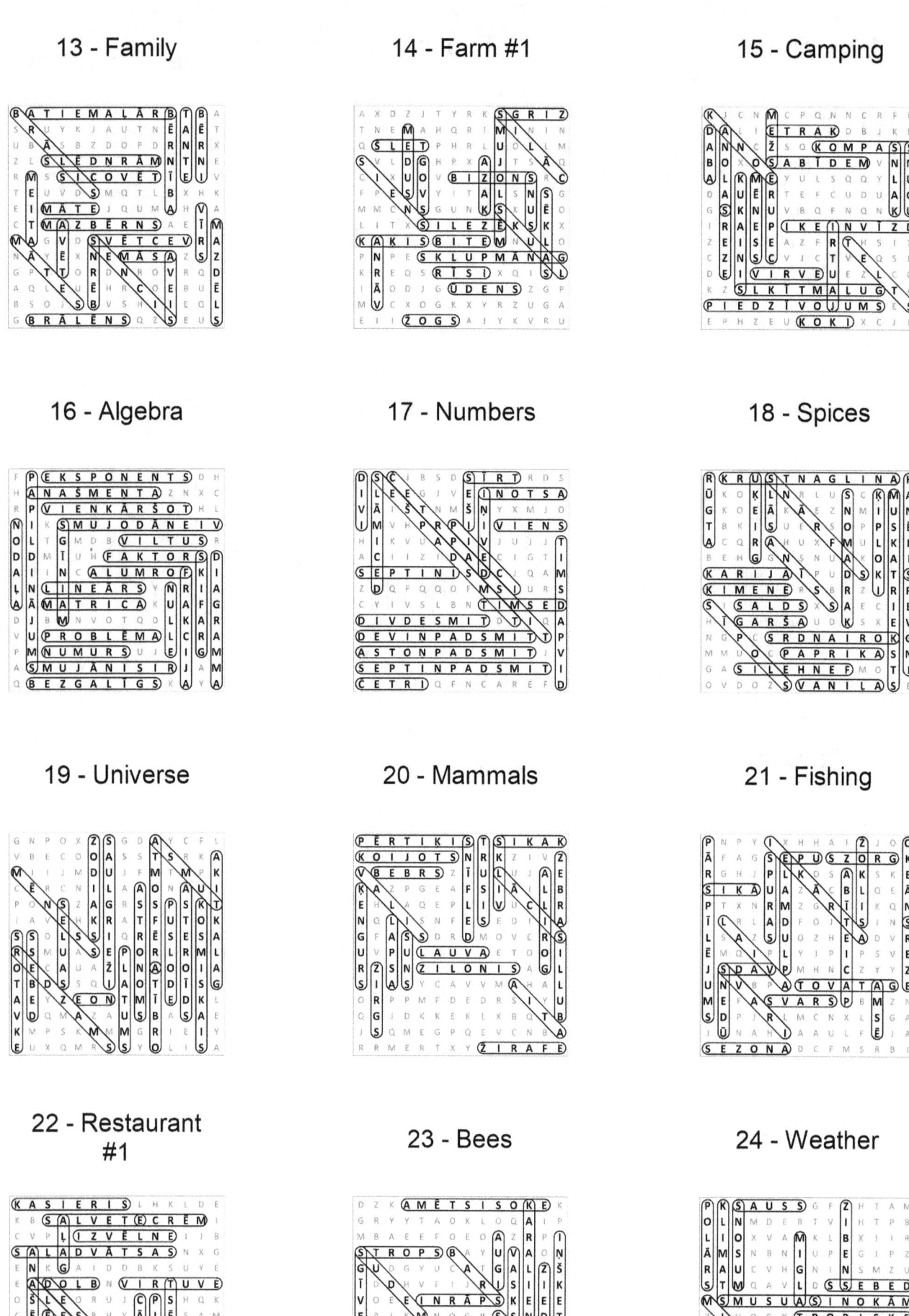

25 - Adventure

26 - Circus

27 - Restaurant #2

28 - Geology

29 - House

30 - Physics

31 - Coffee

32 - Colors

33 - Shapes

34 - Scientific Disciplines

35 - Science

36 - Beauty

37 - To Fill
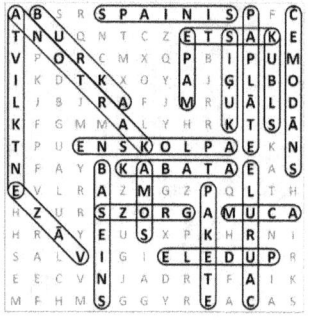

38 - Clothes
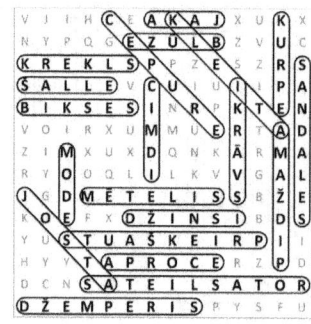

39 - Ethics
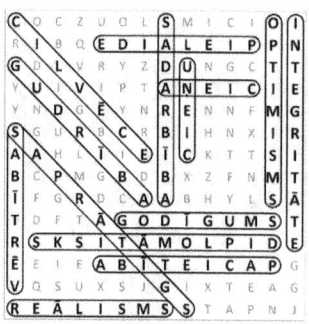

40 - Insects
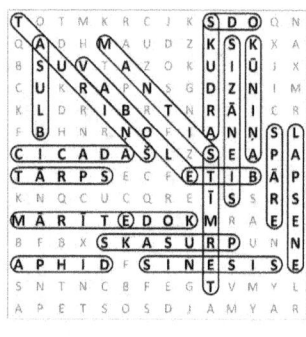

41 - Astronomy
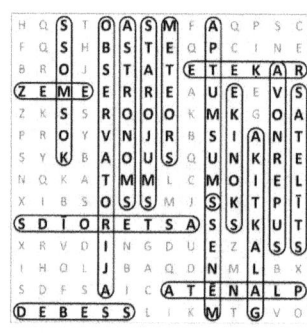

42 - Health and Wellness #2
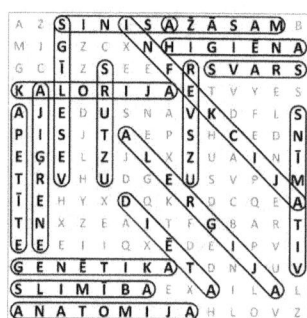

43 - Time
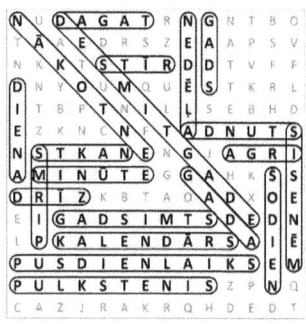

44 - Buildings
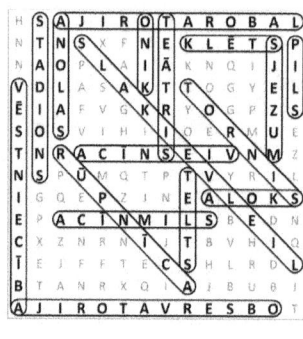

45 - Philanthropy
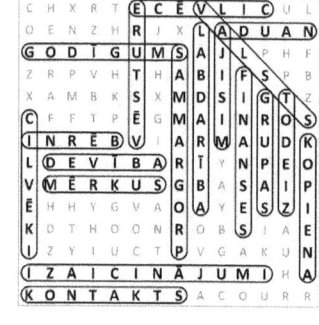

46 - Gardening
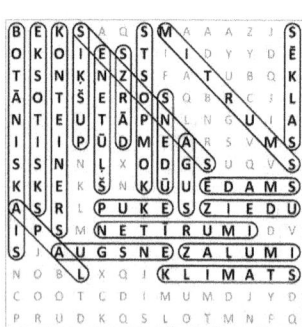

47 - Herbalism
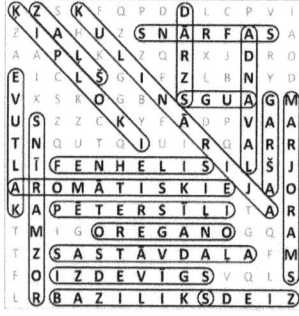

48 - Vehicles

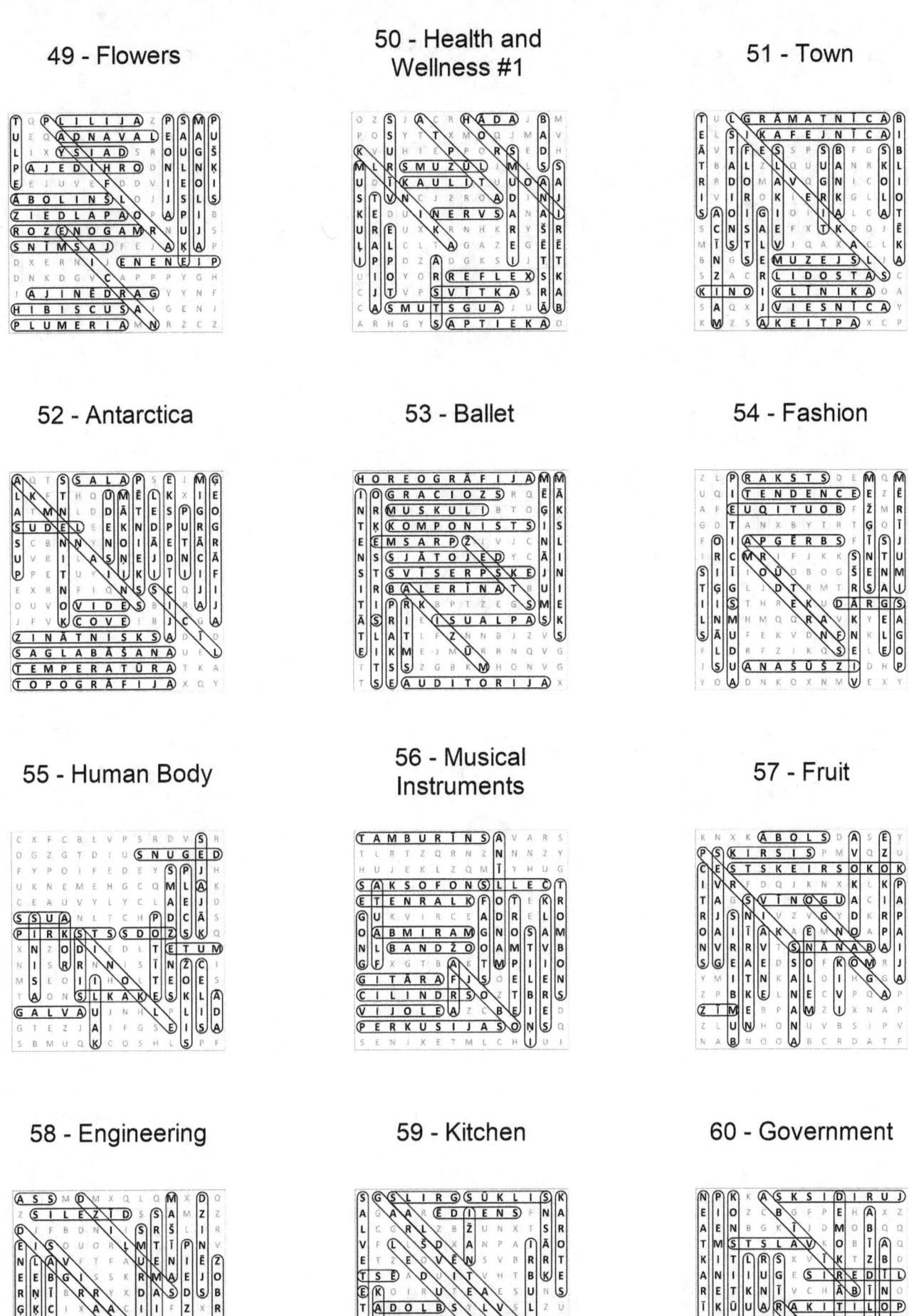

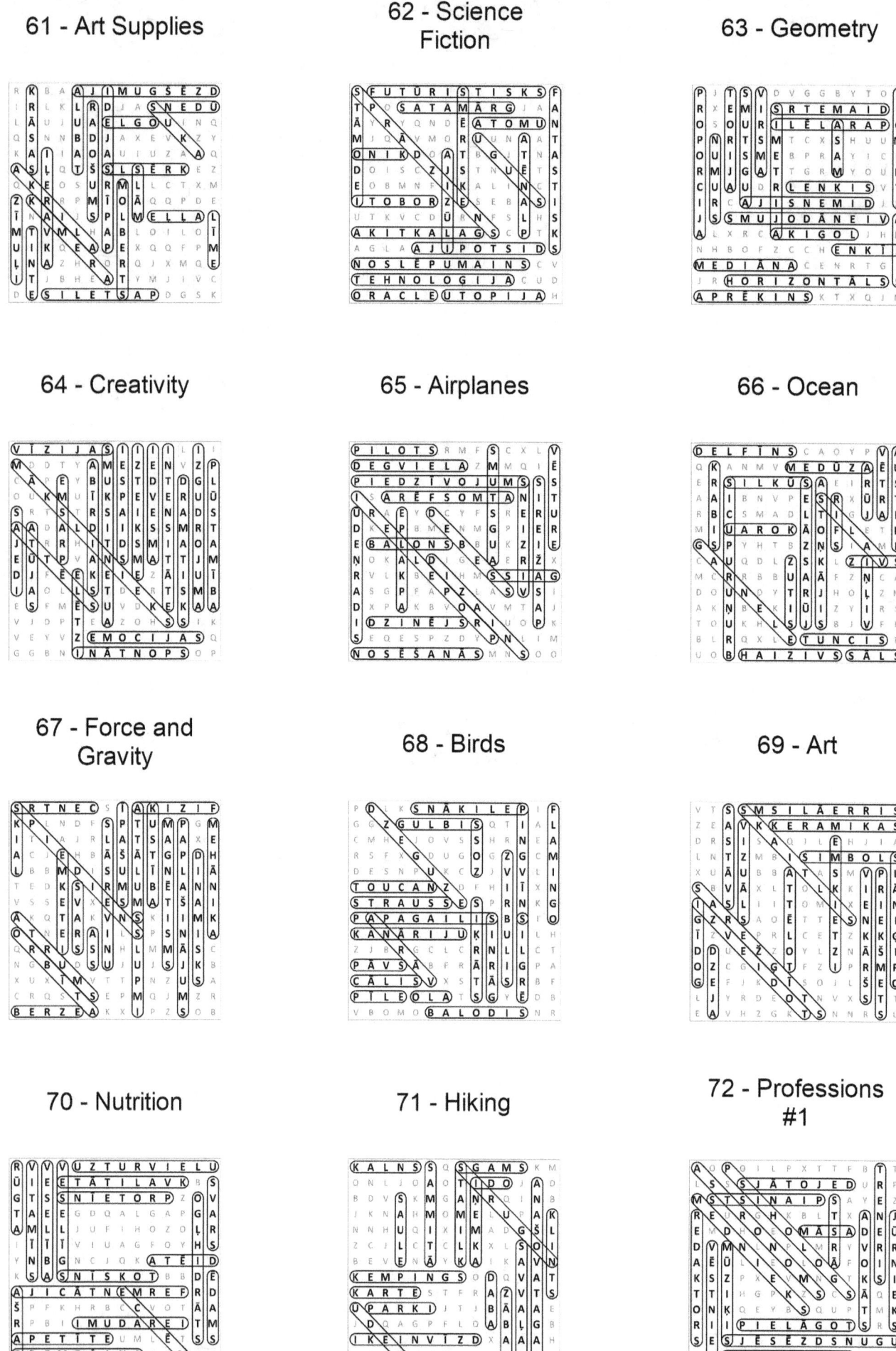

73 - Barbecues

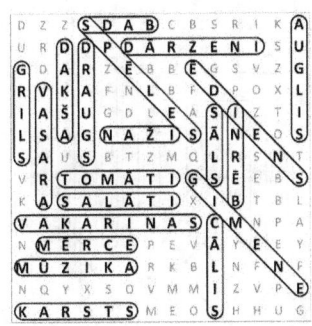

74 - Chocolate

75 - Vegetables

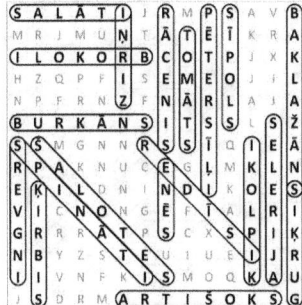

76 - The Media

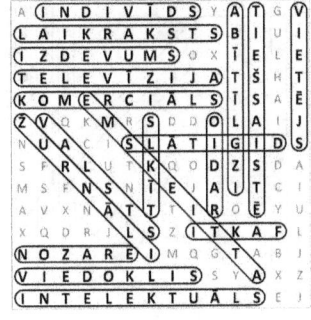

77 - Boats

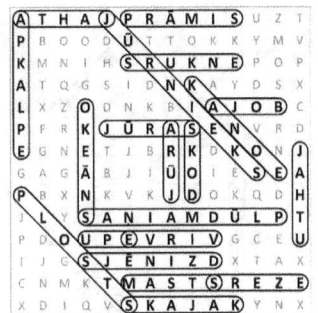

78 - Activities and Leisure

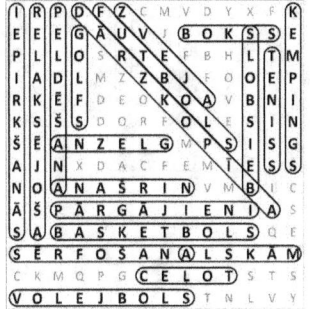

79 - Driving

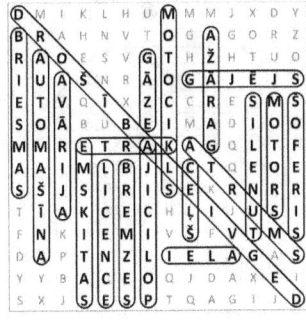

80 - Professions #2

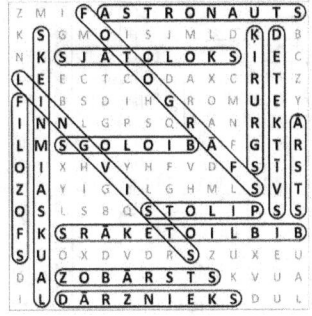

81 - Mythology

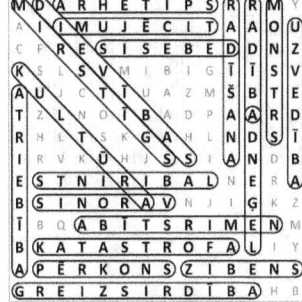

82 - Garden

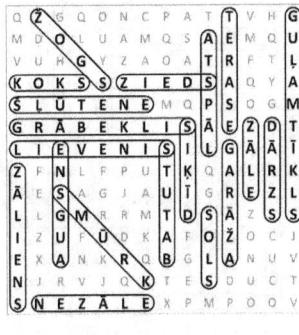

83 - Diplomacy

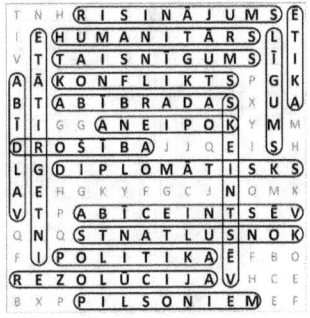

84 - Countries #1

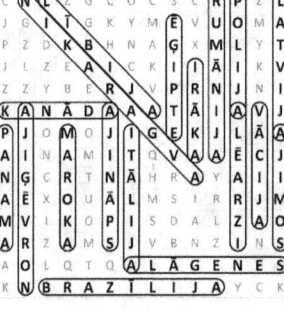

85 - Adjectives #1

86 - Landscapes
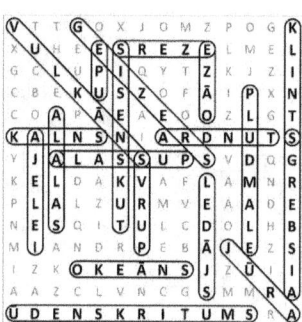

87 - Visual Arts
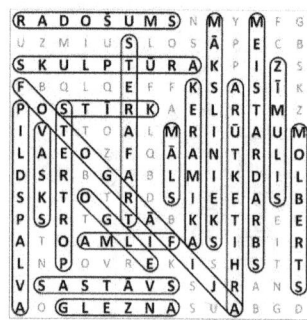

88 - Plants
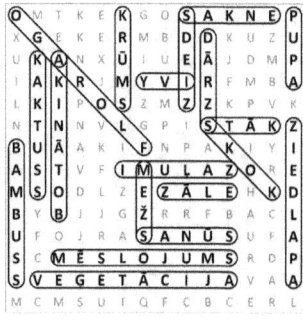

89 - Countries #2

90 - Adjectives #2
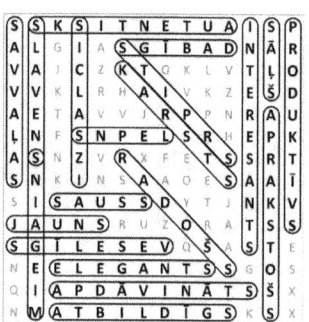

91 - Psychology
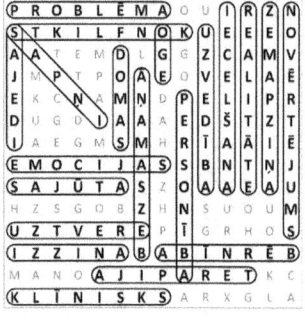

92 - Math
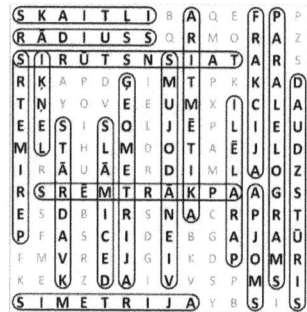

93 - Activities
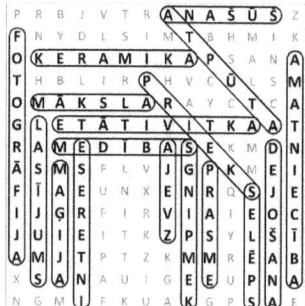

94 - Business
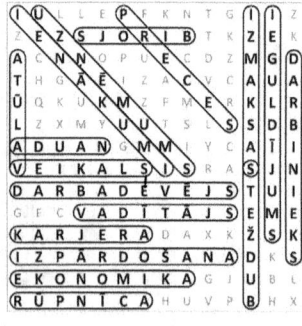

95 - Literature
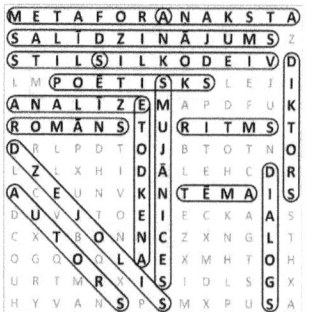

96 - Geography
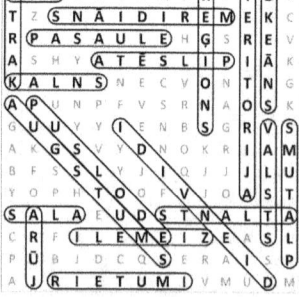

97 - Jazz

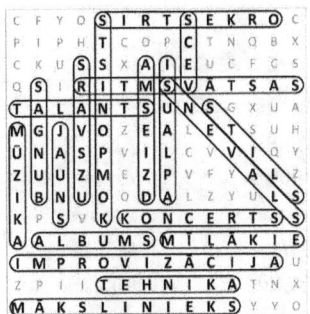

98 - Nature

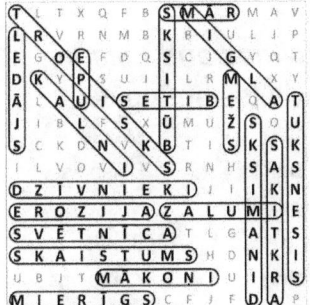

99 - Vacation #2

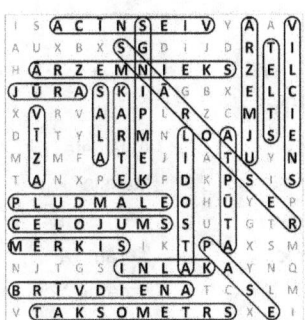

100 - Electricity

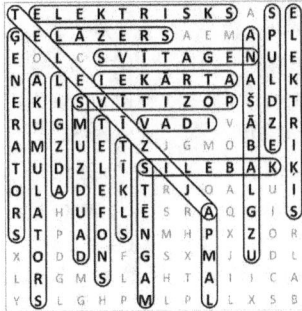

Dictionary

Activities
Darbība

Activity	Aktivitāte
Art	Māksla
Camping	Kempings
Ceramics	Keramika
Crafts	Amatniecība
Dancing	Dejošana
Fishing	Zveja
Games	Spēles
Gardening	Dārzkopība
Hiking	Pārgājieni
Hunting	Medības
Interests	Interese
Leisure	Atpūta
Magic	Maģija
Photography	Fotogrāfija
Pleasure	Prieks
Reading	Lasījums
Relaxation	Relaksācija
Sewing	Šūšana
Skill	Prasme

Activities and Leisure
Aktivitātes un Atpūta

Art	Māksla
Baseball	Beisbols
Basketball	Basketbols
Boxing	Bokss
Camping	Kempings
Diving	Niršana
Fishing	Zveja
Gardening	Dārzkopība
Golf	Golfs
Hiking	Pārgājieni
Painting	Glezna
Relaxing	Relaksējoša
Shopping	Iepirkšanās
Soccer	Futbols
Surfing	Sērfošana
Swimming	Peldēšana
Tennis	Teniss
Travel	Ceļot
Volleyball	Volejbols

Adjectives #1
Īpašības Vārdi #1

Absolute	Absolūts
Ambitious	Ambiciozs
Aromatic	Aromātiskie
Artistic	Mākslinieks
Attractive	Pievilcīgs
Beautiful	Skaists
Dark	Tumšs
Exotic	Eksotisks
Generous	Dāsns
Happy	Laimīgs
Heavy	Smags
Helpful	Noderīgs
Honest	Godīgi
Identical	Identiski
Important	Svarīgs
Modern	Moderns
Serious	Nopietns
Slow	Lēns
Thin	Plāns
Valuable	Vērtīgs

Adjectives #2
Īpašības Vārdi #2

Authentic	Autentisks
Creative	Radošs
Descriptive	Aprakstošs
Dry	Sauss
Elegant	Elegants
Famous	Slavens
Gifted	Apdāvināts
Healthy	Veselīgs
Hot	Karsts
Hungry	Izsalcis
Interesting	Interesants
Natural	Dabīgs
New	Jauns
Productive	Produktīvs
Proud	Lepns
Responsible	Atbildīgs
Salty	Sāļš
Sleepy	Miegains
Strong	Stiprs
Wild	Savvaļas

Adventure
Piedzīvojumu

Activity	Aktivitāte
Beauty	Skaistums
Bravery	Drosme
Challenges	Izaicinājumi
Chance	Iespēja
Dangerous	Bīstams
Destination	Mērķis
Difficulty	Grūtības
Enthusiasm	Entuziasms
Excursion	Ekskursija
Friends	Draugs
Itinerary	Maršruts
Joy	Prieks
Nature	Daba
Navigation	Navigācija
New	Jauns
Preparation	Sagatavošana
Safety	Drošība
Surprising	Pārsteidzoši
Unusual	Neparasts

Airplanes
Lidmašīna

Adventure	Piedzīvojums
Air	Gaiss
Atmosphere	Atmosfēra
Balloon	Balons
Construction	Būvniecība
Crew	Apkalpe
Descent	Nolaišanās
Design	Dizains
Direction	Virziens
Engine	Dzinējs
Fuel	Degviela
Height	Augstums
History	Vēsture
Hydrogen	Ūdeņradis
Landing	Nosēšanās
Passenger	Pasažieris
Pilot	Pilots
Propellers	Propelleri
Sky	Debess
Turbulence	Turbulence

Algebra
Algebra

Addition	Papildinājums
Diagram	Diagramma
Division	Nodaļa
Equation	Vienādojums
Exponent	Eksponents
Factor	Faktors
False	Viltus
Formula	Formula
Fraction	Frakcija
Graph	Grafiks
Infinite	Bezgalīgs
Linear	Lineārs
Matrix	Matrica
Number	Numurs
Problem	Problēma
Simplify	Vienkāršot
Solution	Risinājums
Subtraction	Atņemšana
Variable	Mainīgs
Zero	Nulle

Antarctica
Antarktīda

Bay	Līcis
Birds	Putni
Clouds	Mākoņi
Conservation	Saglabāšana
Continent	Kontinents
Cove	Cove
Environment	Vide
Expedition	Ekspedīcija
Geography	Ģeogrāfija
Glaciers	Ledāji
Ice	Ledus
Islands	Sala
Migration	Migrācija
Peninsula	Pussala
Researcher	Pētnieks
Rocky	Akmeņains
Scientific	Zinātnisks
Temperature	Temperatūra
Topography	Topogrāfija
Water	Ūdens

Antiques
Antikvariāts

Art	Māksla
Auction	Izsole
Authentic	Autentisks
Century	Gadsimts
Coins	Monētas
Decades	Desmitgade
Decorative	Dekoratīvs
Elegant	Elegants
Furniture	Mēbeles
Gallery	Galerija
Investment	Ieguldījums
Jewelry	Rotaslietas
Old	Vecs
Price	Cena
Quality	Kvalitāte
Restoration	Atjaunošana
Sculpture	Skulptūra
Style	Stils
Unusual	Neparasts
Value	Vērtība

Archeology
Arheoloģija

Analysis	Analīze
Antiquity	Senatne
Bones	Kauli
Civilization	Civilizācija
Descendant	Pēcnācējs
Era	Ēra
Evaluation	Novērtēšana
Expert	Eksperts
Forgotten	Aizmirsts
Fossil	Fosilija
Fragments	Fragmenti
Mystery	Noslēpums
Objects	Objekts
Pottery	Keramika
Relic	Relikvija
Researcher	Pētnieks
Team	Komanda
Temple	Templis
Tomb	Kaps
Unknown	Nezināms

Art
Māksla

Ceramic	Keramikas
Complex	Sarežģīts
Composition	Sastāvs
Create	Izveidot
Expression	Izteiksme
Figure	Skaitlis
Honest	Godīgi
Inspired	Iedvesmots
Mood	Garastāvoklis
Original	Oriģināls
Personal	Personisks
Poetry	Dzeja
Portray	Attēlot
Sculpture	Skulptūra
Simple	Vienkāršs
Subject	Priekšmets
Surrealism	Sirreālisms
Symbol	Simbols
Visual	Vizuāls

Art Supplies
Mākslas Piederumi

Acrylic	Akrila
Brushes	Suka
Camera	Kamera
Chair	Krēsls
Charcoal	Ogle
Clay	Māls
Colors	Krāsas
Creativity	Radošums
Easel	Molberts
Eraser	Dzēšgumija
Glue	Līme
Ideas	Idejas
Ink	Tinte
Oil	Eļļa
Paper	Papīrs
Pastels	Pastelis
Pencils	Zīmuļi
Table	Tabula
Water	Ūdens
Watercolors	Akvareļi

Astronomy
Astronomija

Asteroid	Asteroīds
Astronaut	Astronauts
Astronomer	Astronoms
Constellation	Zvaigznājs
Cosmos	Kosmoss
Earth	Zeme
Eclipse	Aptumsums
Equinox	Ekinoks
Galaxy	Galaktika
Meteor	Meteors
Moon	Mēness
Nebula	Miglājs
Observatory	Observatorija
Planet	Planēta
Radiation	Starojums
Rocket	Rakete
Satellite	Satelīts
Sky	Debess
Supernova	Supernova
Zodiac	Zodiaks

Ballet
Balets

Applause	Aplausi
Artistic	Mākslinieks
Audience	Auditorija
Ballerina	Balerīna
Choreography	Horeogrāfija
Composer	Komponists
Dancers	Dejotājs
Expressive	Ekspresīvs
Gesture	Žests
Graceful	Graciozs
Intensity	Intensitāte
Muscles	Muskuļi
Music	Mūzika
Orchestra	Orķestris
Practice	Prakse
Rehearsal	Mēģinājums
Rhythm	Ritms
Skill	Prasme
Style	Stils
Technique	Tehnika

Barbecues
Bārbekjū

Chicken	Cālis
Children	Bērni
Dinner	Vakariņas
Family	Ģimene
Food	Ēdiens
Forks	Dakša
Friends	Draugs
Fruit	Auglis
Games	Spēles
Grill	Grils
Hot	Karsts
Hunger	Bads
Knives	Naži
Music	Mūzika
Salads	Salāti
Salt	Sāls
Sauce	Mērce
Summer	Vasara
Tomatoes	Tomāti
Vegetables	Dārzeņi

Beauty
Skaistums

Charm	Šarms
Color	Krāsa
Cosmetics	Kosmētika
Curls	Cirtas
Elegance	Elegance
Elegant	Elegants
Fragrance	Aromāts
Grace	Žēlastība
Lipstick	Lūpu
Mascara	Tuša
Mirror	Spogulis
Oils	Eļļas
Photogenic	Fotogenisks
Scent	Smarža
Scissors	Šķēres
Services	Pakalpojumi
Shampoo	Šampūns
Skin	Āda
Stylist	Stilists

Bees
Bite

Beneficial	Izdevīgs
Blossom	Puķe
Diversity	Dažādība
Ecosystem	Ekosistēma
Flowers	Ziedi
Food	Ēdiens
Fruit	Auglis
Garden	Dārzs
Habitat	Biotops
Hive	Strops
Honey	Medus
Insect	Kukainis
Plants	Augi
Pollen	Ziedputekšņi
Queen	Karaliene
Smoke	Smēķēt
Sun	Saule
Swarm	Bars
Wax	Vasks
Wings	Spārni

Birds
Putns

Canary	Kanāriju
Chicken	Cālis
Crow	Vārna
Cuckoo	Dzeguze
Dove	Balodis
Duck	Pīle
Eagle	Ērglis
Egg	Ola
Flamingo	Flamingo
Goose	Zoss
Heron	Gārnis
Ostrich	Strauss
Parrot	Papagailis
Peacock	Pāvs
Pelican	Pelikāns
Penguin	Pingvīns
Sparrow	Zvirbulis
Stork	Stārķis
Swan	Gulbis
Toucan	Toucan

Boats
Laiva

Anchor	Enkurs
Buoy	Boja
Canoe	Kanoe
Crew	Apkalpe
Dock	Doks
Engine	Dzinējs
Ferry	Prāmis
Kayak	Kajaks
Lake	Ezers
Mast	Masts
Nautical	Jūras
Ocean	Okeāns
Raft	Plosts
River	Upe
Rope	Virve
Sailboat	Jahtu
Sailor	Jūrnieks
Sea	Jūra
Tide	Plūdmaiņas
Yacht	Jahta

Books
Grāmata

Adventure	Piedzīvojums
Author	Autors
Collection	Kolekcija
Context	Konteksts
Epic	Eposs
Historical	Vēsturisks
Humorous	Humoristisks
Inventive	Izgudrojuma
Literary	Literārs
Narrator	Diktors
Novel	Romāns
Page	Lappuse
Poem	Dzejolis
Poetry	Dzeja
Reader	Lasītājs
Relevant	Saturs
Series	Sērija
Story	Stāsts
Tragic	Traģisks
Written	Rakstisks

Buildings
Ēka

Apartment	Dzīvoklis
Barn	Klēts
Cabin	Salona
Castle	Pils
Cinema	Kino
Embassy	Vēstniecība
Factory	Rūpnīca
Hospital	Slimnīca
Hostel	Hostelis
Hotel	Viesnīca
Laboratory	Laboratorija
Museum	Muzejs
Observatory	Observatorija
School	Skola
Stadium	Stadions
Supermarket	Lielveikals
Tent	Telts
Theater	Teātris
Tower	Tornis
University	Universitāte

Business
Biznesa

Budget	Budžets
Career	Karjera
Company	Uzņēmums
Cost	Izmaksas
Currency	Valūta
Discount	Atlaide
Economics	Ekonomika
Employee	Darbinieks
Employer	Darba Devējs
Factory	Rūpnīca
Finance	Finanses
Income	Ienākumi
Investment	Ieguldījums
Manager	Vadītājs
Merchandise	Preces
Money	Nauda
Office	Birojs
Sale	Izpārdošana
Shop	Veikals
Taxes	Nodokļi

Camping
Kempings

Adventure	Piedzīvojums
Animals	Dzīvnieki
Cabin	Salona
Canoe	Kanoe
Compass	Kompass
Fire	Uguns
Forest	Mežs
Fun	Jautri
Hammock	Guļamtīkls
Hat	Cepure
Hunting	Medības
Insect	Kukainis
Lake	Ezers
Map	Karte
Moon	Mēness
Mountain	Kalns
Nature	Daba
Rope	Virve
Tent	Telts
Trees	Koki

Chemistry
Ķīmija

Acid	Skābe
Alkaline	Sārmains
Atomic	Atomu
Carbon	Ogleklis
Catalyst	Katalizators
Chlorine	Hlors
Electron	Elektrons
Enzyme	Ferments
Gas	Gāze
Heat	Siltums
Hydrogen	Ūdeņradis
Ion	Jons
Liquid	Šķidrums
Molecule	Molekula
Nuclear	Atoma
Organic	Organisks
Oxygen	Skābeklis
Salt	Sāls
Temperature	Temperatūra
Weight	Svars

Chocolate
Šokolāde

Antioxidant	Antioksidants
Aroma	Aromāts
Artisanal	Amatieru
Bitter	Rūgta
Cacao	Kakao
Calories	Kalorijas
Candy	Konfekte
Caramel	Karamele
Coconut	Kokosrieksts
Delicious	Garšīgs
Exotic	Eksotisks
Favorite	Mīļākie
Ingredient	Sastāvdaļa
Peanuts	Zemesrieksti
Quality	Kvalitāte
Recipe	Recepte
Sugar	Cukurs
Sweet	Salds
Taste	Garša
To Eat	Ēst

Circus
Cirks

Acrobat	Akrobāts
Animals	Dzīvnieki
Balloons	Baloni
Candy	Konfekte
Clown	Klauns
Costume	Kostīms
Elephant	Zilonis
Entertain	Izklaidēt
Juggler	Žonglieris
Lion	Lauva
Magic	Maģija
Magician	Burvis
Monkey	Pērtiķis
Music	Mūzika
Parade	Parāde
Spectacular	Iespaidīgs
Spectator	Skatītājs
Tent	Telts
Tiger	Tīģeris
Trick	Triks

Clothes
Apģērbs

Apron	Priekšauts
Belt	Josta
Blouse	Blūze
Bracelet	Aproce
Coat	Mētelis
Dress	Kleita
Fashion	Mode
Gloves	Cimdi
Hat	Cepure
Jacket	Jaka
Jeans	Džinsi
Jewelry	Rotaslietas
Pajamas	Pidžama
Pants	Bikses
Sandals	Sandales
Scarf	Šalle
Shirt	Krekls
Shoe	Kurpe
Skirt	Svārki
Sweater	Džemperis

Coffee
Kafija

Acidic	Skābs
Aroma	Aromāts
Beverage	Dzēriens
Bitter	Rūgta
Black	Melns
Caffeine	Kofeīns
Cream	Krēms
Cup	Kauss
Filter	Filtrs
Flavor	Garša
Grind	Sasmalcina
Liquid	Šķidrums
Milk	Piens
Morning	Rīts
Origin	Izcelsme
Price	Cena
Sugar	Cukurs
To Drink	Dzert
Water	Ūdens

Colors
Krāsas

Azure	Debeszils
Beige	Smilškrāsas
Black	Melns
Blue	Zils
Brown	Brūns
Crimson	Crimson
Cyan	Ciāna
Fuchsia	Fuksija
Green	Zaļš
Grey	Pelēks
Indigo	Indigo
Magenta	Madžentas
Orange	Oranžs
Pink	Rozā
Purple	Violets
Red	Sarkans
Sepia	Sēpija
White	Balts
Yellow	Dzeltens

Countries #1
Valstis #1

Brazil	Brazīlija
Canada	Kanāda
Egypt	Ēģipte
Finland	Somija
Germany	Vācija
Iraq	Irāka
Israel	Izraēla
Italy	Itālija
Latvia	Latvija
Libya	Lībija
Morocco	Maroka
Nicaragua	Nikaragva
Norway	Norvēģija
Panama	Panama
Poland	Polija
Romania	Rumānija
Senegal	Senegāla
Spain	Spānija
Venezuela	Venecuēla
Vietnam	Vjetnama

Countries #2
Valstis # 2

Albania	Albānija
Denmark	Dānija
Ethiopia	Etiopija
Greece	Grieķija
Haiti	Haiti
Jamaica	Jamaika
Japan	Japāna
Laos	Laosa
Lebanon	Libāna
Liberia	Libērija
Mexico	Meksika
Nepal	Nepāla
Nigeria	Nigērija
Pakistan	Pakistāna
Russia	Krievija
Somalia	Somālija
Sudan	Sudāna
Syria	Sīrija
Uganda	Uganda
Ukraine	Ukraina

Creativity
Radošums

Artistic	Mākslinieks
Authenticity	Autentiskums
Clarity	Skaidrība
Dramatic	Dramatisks
Emotions	Emocijas
Expression	Izteiksme
Fluidity	Plūstamība
Ideas	Idejas
Image	Attēls
Imagination	Iztēle
Impression	Iespaids
Inspiration	Iedvesma
Intensity	Intensitāte
Intuition	Intuīcija
Inventive	Izgudrojuma
Sensation	Sajūta
Skill	Prasme
Spontaneous	Spontāni
Visions	Vīzijas
Vitality	Vitalitāte

Days and Months
Dienas un Mēneši

April	Aprīlis
August	Augusts
Calendar	Kalendārs
February	Februāris
Friday	Piektdiena
January	Janvāris
July	Jūlijs
March	Marts
Monday	Pirmdiena
Month	Mēnesis
November	Novembris
October	Oktobris
Saturday	Sestdiena
September	Septembris
Sunday	Svētdiena
Thursday	Ceturtdiena
Tuesday	Otrdiena
Wednesday	Trešdiena
Week	Nedēļa
Year	Gads

Diplomacy
Diplomātija

Adviser	Konsultants
Ambassador	Vēstnieks
Citizens	Pilsoņiem
Civic	Pilsoniskās
Community	Kopiena
Conflict	Konflikts
Cooperation	Sadarbība
Diplomatic	Diplomātisks
Discussion	Diskusija
Embassy	Vēstniecība
Ethics	Ētika
Government	Valdība
Humanitarian	Humanitārs
Integrity	Integritāte
Justice	Taisnīgums
Politics	Politika
Resolution	Rezolūcija
Security	Drošība
Solution	Risinājums
Treaty	Līgums

Driving
Braukšanas

Accident	Avārija
Brakes	Bremzes
Car	Automašīna
Danger	Briesmas
Driver	Šoferis
Fuel	Degviela
Garage	Garāža
Gas	Gāze
License	Licence
Map	Karte
Motor	Motors
Motorcycle	Motocikls
Pedestrian	Gājējs
Police	Policija
Road	Ceļš
Safety	Drošība
Speed	Ātrums
Street	Iela
Traffic	Satiksme
Tunnel	Tunelis

Electricity
Elektroenerģija

Battery	Akumulators
Bulb	Spuldze
Cable	Kabelis
Electric	Elektrisks
Electrician	Elektriķis
Equipment	Iekārta
Generator	Ģenerators
Lamp	Lampa
Laser	Lāzers
Magnet	Magnēts
Negative	Negatīvs
Network	Tīkls
Objects	Objekts
Positive	Pozitīvs
Quantity	Daudzums
Socket	Ligzda
Storage	Uzglabāšana
Telephone	Telefons
Television	Televīzija
Wires	Vadi

Energy
Enerģētika

Battery	Akumulators
Carbon	Ogleklis
Diesel	Dīzelis
Electric	Elektrisks
Electron	Elektrons
Engine	Dzinējs
Entropy	Entropija
Environment	Vide
Fuel	Degviela
Gasoline	Benzīns
Heat	Siltums
Hydrogen	Ūdeņradis
Industry	Nozare
Motor	Motors
Nuclear	Atoma
Photon	Fotons
Pollution	Piesārņojums
Steam	Tvaiks
Turbine	Turbīna
Wind	Vējš

Engineering
Celtniecība

Angle	Leņķis
Axis	Ass
Calculation	Aprēķins
Construction	Būvniecība
Depth	Dziļums
Diagram	Diagramma
Diameter	Diametrs
Diesel	Dīzelis
Distribution	Izplatīšana
Energy	Enerģija
Engine	Dzinējs
Gears	Zobrati
Levers	Sviras
Liquid	Šķidrums
Machine	Mašīna
Measurement	Mērīšana
Motor	Motors
Propulsion	Piedziņa
Stability	Stabilitāte
Structure	Struktūra

Ethics
Ētika

Altruism	Altruisms
Compassion	Līdzjūtība
Cooperation	Sadarbība
Dignity	Cieņa
Diplomatic	Diplomātisks
Honesty	Godīgums
Humanity	Cilvēce
Integrity	Integritāte
Kindness	Laipnība
Optimism	Optimisms
Patience	Pacietība
Philosophy	Filozofija
Rationality	Racionalitāte
Realism	Reālisms
Reasonable	Saprātīgs
Respectful	Cieņu
Tolerance	Pielaide
Values	Vērtības
Wisdom	Gudrība

Family
Ģimene

Ancestor	Sencis
Aunt	Tante
Brother	Brālis
Child	Bērns
Childhood	Bērnība
Children	Bērni
Cousin	Brālēns
Daughter	Meita
Grandchild	Mazbērns
Grandfather	Vectēvs
Grandson	Mazdēls
Husband	Vīrs
Maternal	Mātes
Mother	Māte
Nephew	Mārņdēls
Niece	Brāļameita
Paternal	Tēva
Sister	Māsa
Uncle	Tēvocis
Wife	Sieva

Farm #1
Lauku Saimniecība #1

Bee	Bite
Bison	Bizons
Calf	Teļš
Cat	Kaķis
Chicken	Cālis
Cow	Govs
Crow	Vārna
Dog	Suns
Donkey	Ēzelis
Fence	Žogs
Fertilizer	Mēslojums
Field	Lauks
Flock	Ganāmpulks
Goat	Kaza
Hay	Siens
Honey	Medus
Horse	Zirgs
Rice	Rīsi
Seeds	Sēklas
Water	Ūdens

Farm #2
Lauku Saimniecība #2

Animals	Dzīvnieki
Barley	Mieži
Barn	Klēts
Corn	Kukurūza
Duck	Pīle
Farmer	Lauksaimnieks
Food	Ēdiens
Fruit	Auglis
Irrigation	Apūdeņošana
Lamb	Jērs
Llama	Lama
Meadow	Pļava
Milk	Piens
Orchard	Dārzs
Sheep	Aita
Shepherd	Gans
To Grow	Augt
Tractor	Traktors
Wheat	Kvieši
Windmill	Vējdzirnavas

Fashion
Mode

Boutique	Boutique
Buttons	Pogas
Clothing	Apģērbs
Elegant	Elegants
Embroidery	Izšūšana
Expensive	Dārgs
Fabric	Audums
Lace	Mežģīnes
Measurements	Mērījumi
Minimalist	Minimālisma
Modern	Moderns
Modest	Pieticīgs
Original	Oriģināls
Pattern	Raksts
Practical	Praktisks
Simple	Vienkāršs
Style	Stils
Texture	Faktūra
Trend	Tendence

Fishing
Zveja

Bait	Ēsma
Basket	Grozs
Beach	Pludmale
Boat	Laiva
Cook	Gatavot
Equipment	Iekārta
Exaggeration	Pārspīlējums
Fins	Spuras
Hook	Āķis
Jaw	Žoklis
Lake	Ezers
Ocean	Okeāns
Patience	Pacietība
River	Upe
Scales	Svari
Season	Sezona
Water	Ūdens
Weight	Svars
Wire	Vads

Flowers
Zieds

Bouquet	Pušķis
Clover	Āboliņš
Daffodil	Narcise
Daisy	Daisy
Dandelion	Pienene
Gardenia	Gardēnija
Hibiscus	Hibiscus
Jasmine	Jasmīns
Lavender	Lavanda
Lily	Lilija
Magnolia	Magnolija
Orchid	Orhideja
Passionflower	Pasiflora
Peony	Peonija
Petal	Ziedlapa
Plumeria	Plumeria
Poppy	Magone
Rose	Roze
Sunflower	Saulespuķe
Tulip	Tulpe

Food #1
Pārtika #1

Apricot	Aprikoze
Barley	Mieži
Basil	Baziliks
Carrot	Burkāns
Cinnamon	Kanēlis
Garlic	Ķiploki
Juice	Sula
Lemon	Citrons
Milk	Piens
Onion	Sīpols
Peanut	Zemesrieksts
Pear	Bumbieris
Salad	Salāti
Salt	Sāls
Soup	Zupa
Spinach	Spināti
Strawberry	Zemene
Sugar	Cukurs
Tuna	Tuncis
Turnip	Rācenis

Food #2
Pārtika # 2

Apple	Ābols
Artichoke	Artišoks
Banana	Banāns
Broccoli	Brokoļi
Celery	Selerija
Cheese	Siers
Cherry	Ķirsis
Chicken	Cālis
Chocolate	Šokolāde
Egg	Ola
Eggplant	Baklažāns
Fish	Zivs
Grape	Vīnogu
Ham	Šķiņķis
Kiwi	Kivi
Mushroom	Sēne
Rice	Rīsi
Tomato	Tomāts
Wheat	Kvieši
Yogurt	Jogurts

Force and Gravity
Spēks un Gravitācija

Axis	Ass
Center	Centrs
Discovery	Atklāšana
Distance	Attālums
Dynamic	Dinamisks
Expansion	Paplašinājums
Friction	Berze
Impact	Ietekme
Magnetism	Magnētisms
Mechanics	Mehānika
Momentum	Impulss
Motion	Kustība
Orbit	Orbīta
Physics	Fizika
Pressure	Spiediens
Properties	Īpašums
Speed	Ātrums
Time	Laiks
Universal	Universāls
Weight	Svars

Fruit
Auglis

Apple	Ābols
Apricot	Aprikoze
Avocado	Avokado
Banana	Banāns
Berry	Oga
Cherry	Ķirsis
Coconut	Kokosrieksts
Fig	Zīm
Grape	Vīnogu
Guava	Gvajaves
Kiwi	Kivi
Lemon	Citrons
Mango	Mango
Melon	Melone
Nectarine	Nektarīns
Papaya	Papaija
Peach	Persiks
Pear	Bumbieris
Pineapple	Ananass
Raspberry	Avene

Garden
Dārzs

Bench	Sols
Bush	Krūms
Fence	Žogs
Flower	Zieds
Garage	Garāža
Garden	Dārzs
Grass	Zāle
Hammock	Guļamtīkls
Hose	Šļūtene
Lawn	Zāliens
Pond	Dīķis
Porch	Lievenis
Rake	Grābeklis
Shovel	Lāpsta
Soil	Augsne
Terrace	Terase
Trampoline	Batuts
Tree	Koks
Weeds	Nezāle

Gardening
Dārzkopība

Blossom	Puķe
Botanical	Botāniskais
Bouquet	Pušķis
Climate	Klimats
Compost	Komposts
Container	Konteiners
Dirt	Netīrumi
Edible	Ēdams
Exotic	Eksotisks
Floral	Ziedu
Foliage	Zaļumi
Hose	Šļūtene
Leaf	Lapa
Moisture	Mitrums
Orchard	Dārzs
Seasonal	Sezonas
Seeds	Sēklas
Soil	Augsne
Species	Suga
Water	Ūdens

Geography
Ģeogrāfija

Altitude	Augstums
Atlas	Atlants
City	Pilsēta
Continent	Kontinents
Country	Valsts
Hemisphere	Puslode
Island	Sala
Latitude	Platums
Map	Karte
Meridian	Meridiāns
Mountain	Kalns
North	Ziemeļi
Ocean	Okeāns
Region	Reģions
River	Upe
Sea	Jūra
South	Dienvidi
Territory	Teritorija
West	Rietumi
World	Pasaule

Geology
Ģeoloģija

Acid	Skābe
Calcium	Kalcijs
Cavern	Dobums
Continent	Kontinents
Coral	Korau
Crystals	Kristāli
Cycles	Cikls
Earthquake	Zemestrīce
Erosion	Erozija
Fossil	Fosilija
Geyser	Geizers
Lava	Lava
Layer	Slānis
Minerals	Minerāls
Plateau	Plato
Quartz	Kvarcs
Salt	Sāls
Stalactite	Stalaktīts
Stone	Akmens
Volcano	Vulkāns

Geometry
Ģeometrija

Angle	Leņķis
Calculation	Aprēķins
Circle	Aplis
Curve	Līkne
Diameter	Diametrs
Dimension	Dimensija
Equation	Vienādojums
Height	Augstums
Horizontal	Horizontāls
Logic	Loģika
Mass	Masa
Median	Mediāna
Number	Numurs
Parallel	Paralēli
Proportion	Proporcija
Segment	Segments
Surface	Virsma
Symmetry	Simetrija
Theory	Teorija
Triangle	Trīsstūris

Government
Valdība

Citizenship	Pilsonība
Civil	Civils
Constitution	Konstitūcija
Democracy	Demokrātija
Discussion	Diskusija
District	Rajons
Equality	Vienlīdzība
Independence	Neatkarība
Justice	Taisnīgums
Law	Likums
Leader	Līderis
Legal	Juridisks
Liberty	Brīvība
Monument	Piemineklis
Nation	Tauta
Peaceful	Mierīgs
Politics	Politika
Speech	Runa
State	Valsts
Symbol	Simbols

Health and Wellness #1
Veselība un Labsajūta #1

Active	Aktīvs
Bacteria	Baktērijas
Bones	Kauli
Clinic	Klīnika
Doctor	Ārsts
Fracture	Lūzums
Habit	Ieradums
Height	Augstums
Hormones	Hormoni
Hunger	Bads
Muscles	Muskuļi
Nerves	Nervs
Pharmacy	Aptieka
Reflex	Reflex
Relaxation	Atpūta
Skin	Āda
Therapy	Terapija
To Breathe	Elpot
Treatment	Ārstēšana
Virus	Vīruss

Health and Wellness #2
Veselība un Labsajūta # 2

Allergy	Alerģija
Anatomy	Anatomija
Appetite	Apetīte
Blood	Asinis
Calorie	Kalorija
Dehydration	Dehidratācija
Diet	Diēta
Disease	Slimība
Energy	Enerģija
Genetics	Ģenētika
Healthy	Veselīgs
Hospital	Slimnīca
Hygiene	Higiēna
Infection	Infekcija
Massage	Masāža
Nutrition	Uzturs
Recovery	Atgūšana
Stress	Uzsver
Vitamin	Vitamīns
Weight	Svars

Herbalism
Herbalisms

Aromatic	Aromātiskie
Basil	Baziliks
Beneficial	Izdevīgs
Culinary	Kulinārija
Fennel	Fenhelis
Flavor	Garša
Flower	Zieds
Garden	Dārzs
Garlic	Ķiploki
Green	Zaļš
Ingredient	Sastāvdaļa
Lavender	Lavanda
Marjoram	Marjorams
Mint	Kaltuve
Oregano	Oregano
Parsley	Pētersīļi
Plant	Augs
Rosemary	Rozmarīns
Saffron	Safrāns
Tarragon	Estragons

Hiking
Pārgājieni

Animals	Dzīvnieki
Boots	Zābaki
Camping	Kempings
Cliff	Klints
Climate	Klimats
Heavy	Smags
Map	Karte
Mosquitoes	Odi
Mountain	Kalns
Nature	Daba
Orientation	Orientācija
Parks	Parki
Preparation	Sagatavošana
Stones	Akmeņi
Summit	Sammitā
Sun	Saule
Tired	Noguris
Water	Ūdens
Weather	Laikapstākļi
Wild	Savvaļas

House
Māja

Attic	Bēniņi
Broom	Slota
Curtains	Aizkari
Door	Durvis
Fence	Žogs
Fireplace	Kamīns
Floor	Grīda
Furniture	Mēbeles
Garage	Garāža
Garden	Dārzs
Keys	Taustiņus
Kitchen	Virtuve
Lamp	Lampa
Library	Bibliotēka
Mirror	Spogulis
Roof	Jumts
Room	Istaba
Shower	Duša
Wall	Siena
Window	Logs

Human Body
Organisms

Ankle	Potīte
Blood	Asinis
Bones	Kauli
Brain	Smadzenes
Chin	Zods
Ear	Auss
Elbow	Elkonis
Face	Seja
Finger	Pirksts
Hand	Roka
Head	Galva
Heart	Sirds
Jaw	Žoklis
Knee	Celis
Leg	Kāja
Mouth	Mute
Neck	Kakls
Nose	Deguns
Shoulder	Plecs
Skin	Āda

Insects
Kukainis

Ant	Skudra
Aphid	Aphid
Bee	Bite
Beetle	Vabole
Butterfly	Tauriņš
Cicada	Cicada
Cockroach	Prusaks
Dragonfly	Spāre
Flea	Blusa
Grasshopper	Sienāzis
Ladybug	Mārīte
Larva	Kūniņa
Locust	Sisenis
Mantis	Mantis
Mosquito	Ods
Moth	Kode
Termite	Termīts
Wasp	Lapsene
Worm	Tārps

Jazz
Džezs

Album	Albums
Applause	Aplausi
Artist	Mākslinieks
Composer	Komponists
Composition	Sastāvs
Concert	Koncerts
Drums	Bungas
Emphasis	Uzsvars
Famous	Slavens
Favorites	Mīļākie
Improvisation	Improvizācija
Music	Mūzika
New	Jauns
Old	Vecs
Orchestra	Orķestris
Rhythm	Ritms
Song	Dziesma
Style	Stils
Talent	Talants
Technique	Tehnika

Kitchen
Virtuve

Apron	Priekšauts
Bowl	Bļoda
Chopsticks	Irbulīši
Food	Ēdiens
Forks	Dakša
Freezer	Saldētava
Grill	Grils
Jar	Burka
Jug	Krūze
Kettle	Tējkanna
Knives	Naži
Ladle	Kauss
Napkin	Salvete
Oven	Krāsns
Recipe	Recepte
Refrigerator	Ledusskapis
Spices	Garšvielas
Sponge	Sūklis
Spoons	Karotes
To Eat	Ēst

Landscapes
Ainava

Beach	Pludmale
Cave	Ala
Cliff	Klints
Desert	Tuksnesis
Geyser	Geizers
Glacier	Ledājs
Iceberg	Aisbergs
Island	Sala
Lake	Ezers
Mountain	Kalns
Oasis	Oāze
Ocean	Okeāns
Peninsula	Pussala
River	Upe
Sea	Jūra
Swamp	Purvs
Tundra	Tundra
Valley	Ieleja
Volcano	Vulkāns
Waterfall	Ūdenskritums

Literature
Literatūra

Analogy	Analoģija
Analysis	Analīze
Anecdote	Anekdote
Author	Autors
Biography	Biogrāfija
Comparison	Salīdzinājums
Conclusion	Secinājums
Description	Apraksts
Dialogue	Dialogs
Metaphor	Metafora
Narrator	Diktors
Novel	Romāns
Opinion	Viedoklis
Poem	Dzejolis
Poetic	Poētisks
Rhyme	Atskaņa
Rhythm	Ritms
Style	Stils
Theme	Tēma
Tragedy	Traģēdija

Mammals
Zīdītāji

Bear	Lācis
Beaver	Bebrs
Bull	Bullis
Cat	Kaķis
Coyote	Koijots
Dog	Suns
Dolphin	Delfīns
Elephant	Zilonis
Fox	Lapsa
Giraffe	Žirafe
Gorilla	Gorilla
Horse	Zirgs
Kangaroo	Ķengurs
Lion	Lauva
Monkey	Pērtiķis
Rabbit	Trusis
Sheep	Aita
Whale	Valis
Wolf	Vilks
Zebra	Zebra

Math
Matemātika

Angles	Leņķi
Arithmetic	Aritmētika
Circumference	Apkārtmērs
Decimal	Decimāls
Diameter	Diametrs
Equation	Vienādojums
Exponent	Eksponents
Fraction	Frakcija
Geometry	Ģeometrija
Numbers	Skaitļi
Parallel	Paralēli
Parallelogram	Paralelograms
Perimeter	Perimetrs
Polygon	Daudzstūris
Radius	Rādiuss
Rectangle	Taisnstūris
Square	Kvadrāts
Symmetry	Simetrija
Triangle	Trīsstūris
Volume	Apjoms

Measurements
Mērījumi

Byte	Baits
Centimeter	Centimetrs
Decimal	Decimāls
Degree	Grāds
Depth	Dziļums
Gram	Grams
Height	Augstums
Inch	Colla
Kilogram	Kilograms
Kilometer	Kilometrs
Length	Garums
Liter	Litrs
Mass	Masa
Meter	Metrs
Minute	Minūte
Ounce	Unce
Ton	Tonna
Volume	Apjoms
Weight	Svars
Width	Platums

Meditation
Meditācija

Acceptance	Pieņemšana
Attention	Uzmanība
Awake	Nomodā
Breathing	Elpošana
Calm	Mierīgs
Clarity	Skaidrība
Compassion	Līdzjūtība
Emotions	Emocijas
Gratitude	Pateicība
Habits	Ieradumi
Kindness	Laipnība
Mental	Garīgs
Mind	Prāts
Movement	Kustība
Music	Mūzika
Nature	Daba
Peace	Miers
Perspective	Perspektīva
Silence	Klusums
Thoughts	Domas

Music
Mūzika

Album	Albums
Ballad	Balāde
Chorus	Koris
Classical	Klasisks
Eclectic	Eklektisks
Harmonic	Harmonisks
Harmony	Harmonija
Lyrical	Lirisks
Melody	Melodija
Microphone	Mikrofons
Musical	Muzikāls
Musician	Mūziķis
Opera	Opera
Poetic	Poētisks
Recording	Ieraksts
Rhythm	Ritms
Rhythmic	Ritmisks
Sing	Dziedāt
Singer	Dziedātājs
Vocal	Vokāls

Musical Instruments
Mūzikas Instrumenti

Banjo	Bandžo
Bassoon	Fagots
Cello	Čells
Clarinet	Klarnete
Drum	Cilindrs
Drumsticks	Stilbiņi
Flute	Flauta
Gong	Gong
Guitar	Ģitāra
Harp	Arfa
Mandolin	Mandolīna
Marimba	Marimba
Oboe	Oboja
Percussion	Perkusijas
Piano	Klavieres
Saxophone	Saksofons
Tambourine	Tamburīns
Trombone	Trombons
Trumpet	Trompete
Violin	Vijole

Mythology
Mitoloģija

Archetype	Arhetips
Behavior	Uzvedība
Beliefs	Ticējumi
Creation	Radīšana
Creature	Radība
Culture	Kultūra
Deities	Dievības
Disaster	Katastrofa
Heaven	Debesis
Hero	Varonis
Immortality	Nemirstība
Jealousy	Greizsirdība
Labyrinth	Labirints
Legend	Leģenda
Lightning	Zibens
Monster	Monstrs
Mortal	Mirstīgs
Revenge	Atriebība
Thunder	Pērkons
Warrior	Karotājs

Nature
Daba

Animals	Dzīvnieki
Arctic	Arktikas
Beauty	Skaistums
Bees	Bites
Clouds	Mākoņi
Desert	Tuksnesis
Dynamic	Dinamisks
Erosion	Erozija
Fog	Migla
Foliage	Zaļumi
Forest	Mežs
Glacier	Ledājs
Mountains	Kalni
Peaceful	Mierīgs
River	Upe
Sanctuary	Svētnīca
Serene	Rāms
Tropical	Tropisks
Vital	Būtisks
Wild	Savvaļas

Numbers
Skaitļi

Decimal	Decimāls
Eight	Astoņi
Eighteen	Astoņpadsmit
Fifteen	Piecpadsmit
Five	Pieci
Four	Četri
Fourteen	Četrpadsmit
Nine	Deviņi
Nineteen	Deviņpadsmit
One	Viens
Seven	Septiņi
Seventeen	Septiņpadsmit
Six	Seši
Sixteen	Sešpadsmit
Ten	Desmit
Thirteen	Trīspadsmit
Three	Trīs
Twelve	Divpadsmit
Twenty	Divdesmit
Two	Divi

Nutrition
Uzturs

Appetite	Apetīte
Balanced	Līdzsvarots
Bitter	Rūgta
Calories	Kalorijas
Carbohydrates	Ogļhidrāts
Diet	Diēta
Digestion	Gremošana
Edible	Ēdams
Fermentation	Fermentācija
Flavor	Garša
Habits	Ieradumi
Health	Veselība
Healthy	Veselīgs
Nutrient	Uzturvielu
Proteins	Proteīns
Quality	Kvalitāte
Sauce	Mērce
Toxin	Toksīns
Vitamin	Vitamīns
Weight	Svars

Ocean
Okeāns

Coral	Korau
Crab	Krabis
Dolphin	Delfīns
Eel	Zutis
Fish	Zivs
Jellyfish	Medūza
Octopus	Astoņkājis
Oyster	Austere
Reef	Rifs
Salt	Sāls
Seaweed	Jūraszāles
Shark	Haizivs
Shrimp	Garnele
Sponge	Sūklis
Storm	Vētra
Tides	Jūra
Tuna	Tuncis
Turtle	Bruņurupucis
Waves	Viļņi
Whale	Valis

Philanthropy
Filantropija

Challenges	Izaicinājumi
Charity	Labdarība
Children	Bērni
Community	Kopiena
Contacts	Kontakts
Donate	Ziedot
Finance	Finanses
Funds	Nauda
Generosity	Devība
Goals	Mērķus
Groups	Grupas
History	Vēsture
Honesty	Godīgums
Humanity	Cilvēce
Mission	Misija
Need	Vajadzība
People	Cilvēki
Programs	Programmas
Public	Valsts
Youth	Jaunatne

Physics
Fizika

Acceleration	Paātrinājums
Atom	Atoms
Chaos	Haoss
Chemical	Ķīmisks
Density	Blīvums
Electron	Elektrons
Engine	Dzinējs
Expansion	Paplašinājums
Formula	Formula
Frequency	Biežums
Gas	Gāze
Magnetism	Magnētisms
Mass	Masa
Mechanics	Mehānika
Molecule	Molekula
Nuclear	Atoma
Particle	Daļiņa
Relativity	Relativitāte
Universal	Universāls
Velocity	Ātrums

Plants
Augi

Bamboo	Bambuss
Bean	Pupa
Berry	Oga
Botany	Botānika
Bush	Krūms
Cactus	Kaktuss
Fertilizer	Mēslojums
Flora	Flora
Flower	Zieds
Foliage	Zaļumi
Forest	Mežs
Garden	Dārzs
Grass	Zāle
Ivy	Ivy
Moss	Sūnas
Petal	Ziedlapa
Root	Sakne
Stem	Kāts
Tree	Koks
Vegetation	Veģetācija

Professions #1
Profesijas #1

Ambassador	Vēstnieks
Astronomer	Astronoms
Attorney	Advokāts
Banker	Baņķieris
Cartographer	Kartogrāfs
Coach	Treneris
Dancer	Dejotājs
Doctor	Ārsts
Editor	Redaktors
Firefighter	Ugunsdzēsējs
Geologist	Ģeologs
Hunter	Mednieks
Jeweler	Juvelieris
Musician	Mūziķis
Nurse	Māsa
Pianist	Pianists
Plumber	Santehniķis
Psychologist	Psihologs
Sailor	Jūrnieks
Tailor	Pielāgot

Professions #2
Profesijas # 2

Astronaut	Astronauts
Biologist	Biologs
Dentist	Zobārsts
Detective	Detektīvs
Engineer	Inženieris
Farmer	Lauksaimnieks
Gardener	Dārznieks
Illustrator	Ilustrators
Inventor	Izgudrotājs
Journalist	Žurnālists
Librarian	Bibliotekārs
Linguist	Lingvists
Painter	Gleznotājs
Philosopher	Filozofs
Photographer	Fotogrāfs
Physician	Ārsts
Pilot	Pilots
Surgeon	Ķirurgs
Teacher	Skolotājs
Zoologist	Zoologs

Psychology
Psiholoģija

Appointment	Iecelšana
Assessment	Novērtējums
Behavior	Uzvedība
Childhood	Bērnība
Clinical	Klīnisks
Cognition	Izziņa
Conflict	Konflikts
Dreams	Sapņi
Ego	Ego
Emotions	Emocijas
Ideas	Idejas
Perception	Uztvere
Personality	Personība
Problem	Problēma
Reality	Realitāte
Sensation	Sajūta
Subconscious	Zemapziņa
Therapy	Terapija
Thoughts	Domas
Unconscious	Bezsamaņā

Restaurant #1
Restorāns # 1

Allergy	Alerģija
Bowl	Bļoda
Bread	Maize
Cashier	Kasieris
Chicken	Cālis
Coffee	Kafija
Dessert	Deserts
Food	Ēdiens
Ingredients	Sastāvdaļas
Kitchen	Virtuve
Knife	Nazis
Meat	Gaļa
Menu	Izvēlne
Napkin	Salvete
Plate	Šķīvis
Reservation	Rezervēšana
Sauce	Mērce
Spicy	Pikants
To Eat	Ēst
Waitress	Viesmīle

Restaurant #2
Restorāns # 2

Beverage	Dzēriens
Cake	Kūka
Chair	Krēsls
Delicious	Garšīgs
Dinner	Vakariņas
Eggs	Olas
Fish	Zivs
Fork	Dakša
Fruit	Auglis
Ice	Ledus
Lunch	Pusdienas
Noodles	Nūdeles
Salad	Salāti
Salt	Sāls
Soup	Zupa
Spices	Garšviela
Spoon	Karote
Vegetables	Dārzeņi
Waiter	Viesmīlis
Water	Ūdens

Science
Zinātne

Atom	Atoms
Chemical	Ķīmisks
Climate	Klimats
Data	Dati
Evolution	Evolūcija
Experiment	Eksperiments
Fact	Fakts
Fossil	Fosilija
Gravity	Smagums
Hypothesis	Hipotēze
Laboratory	Laboratorija
Method	Metode
Minerals	Minerāls
Molecules	Molekulas
Nature	Daba
Organism	Organisms
Particles	Daļiņas
Physics	Fizika
Plants	Augi
Scientist	Zinātnieks

Science Fiction
Zinātniskā Fantastika

Atomic	Atomu
Books	Grāmatas
Chemicals	Ķimikālijas
Cinema	Kino
Dystopia	Distopija
Explosion	Sprādziens
Extreme	Ekstrēms
Fantastic	Fantastisks
Fire	Uguns
Futuristic	Futūristisks
Galaxy	Galaktika
Illusion	Ilūzija
Imaginary	Iedomāts
Mysterious	Noslēpumains
Oracle	Oracle
Planet	Planēta
Robots	Roboti
Technology	Tehnoloģija
Utopia	Utopija
World	Pasaule

Scientific Disciplines
Zinātniskās Disciplīnas

Anatomy	Anatomija
Archaeology	Arheoloģija
Astronomy	Astronomija
Biochemistry	Bioķīmija
Biology	Bioloģija
Botany	Botānika
Chemistry	Ķīmija
Ecology	Ekoloģija
Geology	Ģeoloģija
Immunology	Imunoloģija
Kinesiology	Kinezioloģija
Linguistics	Valodniecība
Mechanics	Mehānika
Mineralogy	Mineraloģija
Neurology	Neiroloģija
Physiology	Fizioloģija
Psychology	Psiholoģija
Sociology	Socioloģija
Thermodynamics	Termodinamika
Zoology	Zooloģija

Shapes
Formas

Arc	Loka
Circle	Aplis
Cone	Konuss
Corner	Stūris
Cube	Kubs
Curve	Līkne
Cylinder	Cilindrs
Edges	Mala
Ellipse	Elipse
Hyperbola	Hiperbola
Line	Līnija
Oval	Ovāls
Polygon	Daudzstūris
Prism	Prizma
Pyramid	Piramīda
Rectangle	Taisnstūris
Side	Puse
Sphere	Sfēra
Square	Kvadrāts
Triangle	Trīsstūris

Spices
Garšviela

Anise	Anīss
Bitter	Rūgta
Cardamom	Kardamons
Cinnamon	Kanēlis
Clove	Krustnagliņa
Coriander	Koriandrs
Cumin	Ķimene
Curry	Karija
Fennel	Fenhelis
Fenugreek	Grieķu
Flavor	Garša
Garlic	Ķiploki
Ginger	Ingvers
Nutmeg	Muskatrieksts
Onion	Sīpols
Paprika	Paprika
Saffron	Safrāns
Salt	Sāls
Sweet	Salds
Vanilla	Vaniļa

The Media
Plašsaziņas Līdzekļi

Attitudes	Attieksme
Commercial	Komerciāls
Communication	Komunikācija
Digital	Digitāls
Edition	Izdevums
Education	Izglītība
Facts	Fakti
Individual	Indivīds
Industry	Nozare
Intellectual	Intelektuāls
Local	Vietējs
Magazines	Žurnāli
Network	Tīkls
Newspapers	Laikraksts
Online	Tiešsaistē
Opinion	Viedoklis
Photos	Fotogrāfijas
Public	Valsts
Radio	Radio
Television	Televīzija

Time
Laiks

Annual	Gada
Before	Pirms
Calendar	Kalendārs
Century	Gadsimts
Clock	Pulkstenis
Day	Diena
Decade	Desmitgade
Early	Agri
Future	Nākotne
Hour	Stunda
Minute	Minūte
Month	Mēnesis
Morning	Rīts
Night	Nakts
Noon	Pusdienlaiks
Now	Tagad
Soon	Drīz
Today	Šodien
Week	Nedēļa
Year	Gads

To Fill
Lai Aizpildītu

Bag	Soma
Barrel	Muca
Basin	Baseins
Basket	Grozs
Bottle	Pudele
Box	Kaste
Bucket	Spainis
Carton	Kartona
Drawer	Atvilktne
Envelope	Aploksne
Folder	Mape
Jar	Burka
Packet	Pakete
Pocket	Kabata
Suitcase	Čemodāns
Tray	Paplāte
Tub	Kubls
Tube	Caurule
Vase	Vāze
Vessel	Kuģis

Town
Pilsēta

Airport	Lidosta
Bakery	Maiznīca
Bank	Banka
Bookstore	Grāmatnīca
Cafe	Kafejnīca
Cinema	Kino
Clinic	Klīnika
Florist	Florists
Gallery	Galerija
Hotel	Viesnīca
Library	Bibliotēka
Market	Tirgus
Museum	Muzejs
Pharmacy	Aptieka
School	Skola
Stadium	Stadions
Store	Veikals
Supermarket	Lielveikals
Theater	Teātris
University	Universitāte

Universe
Visums

Asteroid	Asteroīds
Astronomer	Astronoms
Astronomy	Astronomija
Atmosphere	Atmosfēra
Cosmic	Kosmiskais
Darkness	Tumsa
Eon	Eon
Equator	Ekvators
Galaxy	Galaktika
Hemisphere	Puslode
Horizon	Horizonts
Latitude	Platums
Moon	Mēness
Orbit	Orbīta
Sky	Debess
Solar	Saules
Solstice	Saulgrieži
Telescope	Teleskops
Visible	Redzams
Zodiac	Zodiaks

Vacation #2
Atvaļinājums #2

Airport	Lidosta
Beach	Pludmale
Camping	Kempings
Destination	Mērķis
Foreign	Ārzemju
Foreigner	Ārzemnieks
Holiday	Brīvdiena
Hotel	Viesnīca
Island	Sala
Journey	Ceļojums
Leisure	Atpūta
Map	Karte
Mountains	Kalni
Passport	Pase
Restaurant	Restorāns
Sea	Jūra
Taxi	Taksometrs
Tent	Telts
Train	Vilciens
Visa	Vīza

Vegetables
Dārzeņi

Artichoke	Artišoks
Broccoli	Brokoļi
Carrot	Burkāns
Cauliflower	Ziedkāposti
Celery	Selerija
Cucumber	Gurķis
Eggplant	Baklažāns
Garlic	Ķiploki
Ginger	Ingvers
Mushroom	Sēne
Onion	Sīpols
Parsley	Pētersīļi
Pea	Zirņi
Pumpkin	Ķirbis
Radish	Redīsi
Salad	Salāti
Shallot	Šalotes
Spinach	Spināti
Tomato	Tomāts
Turnip	Rācenis

Vehicles
Transportlīdzeklis

Airplane	Lidmašīna
Bicycle	Velosipēds
Boat	Laiva
Bus	Autobuss
Car	Automašīna
Caravan	Karavāna
Engine	Dzinējs
Ferry	Prāmis
Helicopter	Helikopters
Motor	Motors
Raft	Plosts
Rocket	Rakete
Scooter	Motorollers
Shuttle	Shuttle
Submarine	Zemūdene
Subway	Metro
Taxi	Taksometrs
Tires	Riepas
Tractor	Traktors
Train	Vilciens

Visual Arts
Vizuālās Mākslas

Architecture	Arhitektūra
Artist	Mākslinieks
Ceramics	Keramika
Chalk	Krīts
Charcoal	Ogle
Clay	Māls
Composition	Sastāvs
Creativity	Radošums
Easel	Molberts
Film	Filma
Masterpiece	Meistardarbs
Painting	Glezna
Pen	Pildspalva
Pencil	Zīmulis
Perspective	Perspektīva
Photograph	Fotogrāfija
Portrait	Portrets
Sculpture	Skulptūra
Stencil	Trafarets
Wax	Vasks

Weather
Laika Apstākļi

Atmosphere	Atmosfēra
Breeze	Brīze
Calm	Mierīgs
Climate	Klimats
Cloud	Mākonis
Drought	Sausums
Dry	Sauss
Fog	Migla
Ice	Ledus
Lightning	Zibens
Monsoon	Musons
Polar	Polārs
Rainbow	Varavīksne
Sky	Debess
Storm	Vētra
Temperature	Temperatūra
Thunder	Pērkons
Tornado	Viesuļvētra
Tropical	Tropisks
Wind	Vējš

Congratulations

You made it!

We hope you enjoyed this book as much as we enjoyed making it. We do our best to make high quality games.
These puzzles are designed in a clever way for you to learn actively while having fun!

Did you love them?

A Simple Request

Our books exist thanks your reviews. Could you help us by leaving one now?

Here is a short link which will take you to your order review page:

BestBooksActivity.com/Review50

MONSTER CHALLENGE!

Challenge #1

Ready for Your Bonus Game? We use them all the time but they are not so easy to find. Here are **Synonyms**!

Note 5 words you discovered in each of the Puzzles noted below (#21, #36, #76) and try to find 2 synonyms for each word.

Note 5 Words from **Puzzle 21**

Words	Synonym 1	Synonym 2

Note 5 Words from **Puzzle 36**

Words	Synonym 1	Synonym 2

Note 5 Words from **Puzzle 76**

Words	Synonym 1	Synonym 2

Challenge #2

Now that you are warmed-up, note 5 words you discovered in each Puzzle noted below (#9, #17, #25) and try to find 2 antonyms for each word. How many lines can you do in 20 minutes?

Note 5 Words from **Puzzle 9**

Words	Antonym 1	Antonym 2

Note 5 Words from **Puzzle 17**

Words	Antonym 1	Antonym 2

Note 5 Words from **Puzzle 25**

Words	Antonym 1	Antonym 2

Challenge #3

Wonderful, this monster challenge is nothing to you!

Ready for the last one? Choose your 10 favorite words discovered in any of the Puzzles and note them below.

1.	6.
2.	7.
3.	8.
4.	9.
5.	10.

Now, using these words and within a maximum of six sentences, your challenge is to compose a text about a person, animal or place that you love!

Tip: You can use the last blank page of this book as a draft!

Your Writing:

Explore a Unique Store Set Up **FOR YOU!**

MEGA DEALS

BestActivityBooks.com/**TheStore**

Designed for Entertainment!

Light Up Your Brain With Unique **Gift Ideas**.

Access **Surprising** And **Essential Supplies!**

CHECK OUT OUR MONTHLY SELECTION NOW!

- **Expertly Crafted Products** -

NOTEBOOK:

SEE YOU SOON!

Linguas Classics Team